À MESA COM A FAMÍLIA

UM ESTUDO DO COMPORTAMENTO DO CONSUMIDOR DE ALIMENTOS

CB068494

À MESA COM A FAMÍLIA

UM ESTUDO DO COMPORTAMENTO DO CONSUMIDOR DE ALIMENTOS

Leticia Casotti

Copyright @ by Leticia Casotti, 2002

Direitos desta edição reservados à
MAUAD Editora Ltda.
Av. Treze de Maio, 13, Grupo 507 a 509 — Centro
CEP 20031-000 — Rio de Janeiro — RJ
Tel.: (21) 2533.7422 — Fax: (21) 2220.4451
E-mail: mauad@mauad.com.br

Projeto Gráfico:
Núcleo de Arte/Mauad Editora

CATALOGAÇÃO NA FONTE
DEPARTAMENTO NACIONAL DO LIVRO

C341m
    Casotti, Leticia
       À mesa com a família: um estudo do comportamento do consumidor de alimentos / Leticia Casotti. – Rio de Janeiro: Mauad, 2002.
       160p. ; 14cm x 21cm

       ISBN 85-7478-072-3

       1.Alimentos – Consumo – Brasil. I. Título.

                                    CDD – 641.31

Muitas são as pessoas a quem é necessário agradecer pela contribuição dada a esse livro. *Quero começar agradecendo ao orientador de minha tese de doutorado, Professor Michel Jean-Marie Thiollent, e aos quatro membros da banca: Rozires Deliza, José Manoel Carvalho de Mello, Carlos Alberto Hemais e Angela da Rocha, a quem devo um especial agradecimento por ter sido, também, a grande incentivadora para que a pesquisa se transformasse neste livro.*

Agradeço às mulheres consumidoras entrevistadas, que, com muita generosidade, me concederam um pouco do seu tempo.

Agradeço também às duas instituições de excelência que me acolheram: ao Programa de Engenharia de Produção da COPPE/UFRJ, onde concluí meu doutorado, e ao Instituto COPPEAD de Administração da UFRJ, ao qual pertenço como docente.

Agradeço à Solange Casotti, pelo apoio na organização das entrevistas, e ao jornalista Bruno Casotti, pela revisão cuidadosa e sugestões feitas ao texto final.

Finalmente, o meu carinho especial aos meus pais, Regina e Paulo, a meu marido, Antonio José, e aos meus filhos, Pedro, João e Gabriel. Adoro família!

SUMÁRIO

Prefácio: *Michel Thiollent*   9

Introdução   13

PARTE 1: Contribuições ao conhecimento do estudo do comportamento do consumidor de alimentos

Capítulo 1: Aspectos sociais e econômicos   25
Capítulo 2: Aspectos históricos, culturais e psicológicos   41
Capítulo 3: Adoção, riscos e saúde   57

PARTE 2: Comportamento: o relato das mulheres entrevistadas

Capítulo 4: Da rotina à comemoração   77
Capítulo 5: Estética, prazer e saúde   91
Capítulo 6: Relações no preparo e consumo de alimentos   101
Capítulo 7: Novos alimentos e riscos associados   113

PARTE 3: Interpretações

Capítulo 8: Contradições, significados e buscas   127

Referências   149

PREFÁCIO

Os produtos alimentícios ocupam um lugar importante na vida cotidiana. Além de nutrir o organismo, inscrevem-se em uma complexa teia de significados e símbolos, isto é, na cultura. As atuais transformações sociais e culturais incidem necessariamente sobre o comportamento individual dos consumidores, em particular no tocante à alimentação. Os modos de vida vinculados à urbanização, as transformações dos papéis familiares e dos rituais de refeição explicam fatos observáveis, tais como: tendência à industrialização dos produtos alimentícios; maior incidência da química e da biotecnologia em sua composição; recuo de produtos agropecuários tradicionais vindos da fazenda (com exceção daqueles que conseguem manter um valor simbólico elevado, em particular com base em delimitação de sua origem territorial). Paralelamente, assistimos a um relativo desenvolvimento da *fast food* e de novos tipos de apresentação e de distribuição dos alimentos nos supermercados e lojas de conveniência. No âmbito doméstico, a preparação dos alimentos também se modifica, quando se trata de produtos acondicionados, prontos para serem consumidos, conservados, congelados, etc. O uso do forno microonda se difunde e o do fogão a lenha desaparece.

Com a industrialização e as novas formas de comercialização dos produtos alimentícios, cresce um importante setor de atividades agroalimentares, cujos produtos e serviços se tornam objeto de intensivo marketing e de insistente propaganda junto aos consumidores. São tomados em consideração os gostos e hábitos de públicos diferenciados em função das faixas de poder aquisitivo, das faixas etárias, das caraterísticas de gênero e dimensão da família. Por exemplo, hoje, existem queijos para crianças, jovens, idosos, homens, mulheres, ricos ou pobres.

Do ponto de vista da administração do marketing e – de modo mais abrangente – da gestão de produtos e mesmo da engenharia de produção, as tendências que afetam o comportamento dos consumidores precisam ser mais bem conhecidas e detalhadamente analisadas, se possível com capacidade de previsão. Nesse sentido, a tese de doutorado de Leticia Casotti, defendida na área de Inovação Tecnológica e Organização Industrial, do Programa de Engenharia de Produção da COPPE/UFRJ, agora apresentada em livro, constitui uma importante contribuição para essa área de estudo e investigação até então pouco desenvolvida no Brasil.

Estamos em um país extremamente "contrastado", onde os níveis de vida e os comportamentos de consumo variam muito, apesar de uma relativa homogeneidade de gosto centrada em alguns produtos de base, como arroz e feijão, aceitos com unanimidade em todas as classes sociais.

Além dos aspectos culturais, um outro fator cresce em importância em matéria de comportamento alimentar. Trata-se do fator saúde e da percepção dos riscos que estão associados a algumas caraterísticas dos alimentos. No país, feijoada, churrasco, rapadura são, sem dúvida, produtos significativos do modo tradicional de se alimentar, de acordo com o qual gordura é símbolo de prosperidade e açúcar, de energia. Com a atual sensibilização acerca dos problemas de saúde associados ao excesso de colesterol e de glicose, muitos consumidores reagem aceitando produtos *light* ou *diet*. Os substitutos químicos afastam os riscos do colesterol ou da glicose, mas, por outro lado, representam outros riscos ainda mal conhecidos. Diversos aditivos e conservantes são suspeitos de provocar alergias e cânceres. Além dos aditivos, o último perigo posto em evidência, no mundo inteiro, por movimentos ecológicos e pela mídia, está relacionado à biotecnologia e, em particular, aos produtos transgênicos.

Devido à composição cada vez mais complexa dos alimentos industrializados e a riscos ambientais mais difusos, a alimentação entra na esfera das preocupações de uma "sociedade do risco" (Ulrich Beck), juntamente com outras preocupações de risco, como as formas de contaminação nuclear, química, biológica, etc.

Para antecipar as possíveis mudanças de comportamento alimentar dos consumidores, as empresas responsáveis devem se capacitar para elaborar estratégias de produtos saudáveis que atendam, de modo diferenciado, às necessidades de um público mais esclarecido, ou melhor informado, sobre os riscos que existem na relação entre alimentação, saúde e meio ambiente.

Acreditamos que este trabalho seja um passo importante para a construção de um conhecimento qualitativo e profundo sobre a evolução do comportamento dos consumidores de alimentos no Brasil, esclarecida por uma melhor informação sobre riscos, tomando em consideração uma vasta e atualizada literatura sociológica e antropológica.

Essencialmente qualitativa, a metodologia adotada consiste, com base em entrevistas abertas realizadas com pequenos grupos de consumidores, em descrever como são percebidos os alimentos e as razões que facilitam ou dificultam sua aceitação e seu consumo. A informação gerada nessas condições poderá, no futuro, ser útil para elaborar projetos mais abrangentes, inclusive com dimensão quantitativa e representatividade controlada.

No seu conjunto, o trabalho proposto alcança plenamente o objetivo de se abrir um campo de pesquisa promissor, tanto em teoria quanto na prática da produção e do consumo de alimentos.

Michel Thiollent
Professor da COPPE/UFRJ
Programa de Engenharia de Produção

INTRODUÇÃO

As pessoas costumam perguntar por que estudar especificamente o consumo de alimentos. A resposta mais simples, comum à grande maioria dos seres humanos, poderia ser: todos temos fome. Ou ainda: comer é um grande prazer. Evidentemente, o interesse se expande por fronteiras bem mais amplas e outra explicação, ainda bem simples, é pensar nas três necessidades mais básicas do homem: alimento, segurança e afeto. Essas três necessidades se encontram tão misturadas, entrelaçadas, que se torna difícil falar de qualquer uma delas sem se referir às outras. Ao estudar o consumo de alimentos, percorrem-se necessidades profundas, como segurança, afeto ou mesmo a necessidade de pertencer.

Alimento é vida, e inúmeros aspectos da vida podem ser compreendidos a partir do conhecimento de seu consumo. Enquanto exercem sua capacidade de nutrir ou saciar a fome, alimentos também produzem significados. Este estudo tem o objetivo de, a partir de momentos da vida ligados à alimentação, conhecer hábitos, significados e associações relativos ao comportamento de consumo das famílias.

A explosão do interesse em estudar alimentos, sob diferentes enfoques, acontece principalmente a partir da década de 90. Até então, poucos livros e pesquisas procuravam conhecer os momentos de consumo de alimentos e associá-los, por exemplo, a aspectos sociais e culturais. Embora possa parecer que o tema alimento tenha um sentido relativamente estático, ou uma evolução lenta no tempo, o cotidiano das refeições é capaz de surpreender tanto em seus acontecimentos aparentemente mais insignificantes quanto no grande universo de simbolismos a rodeá-lo. Desta

13

forma, sinaliza importantes estruturas de comportamento, diversifica pontos de vista e traz pensamentos e ações que revelam o quanto a mesa é capaz de agregar e integrar.

Com sua característica multidisciplinar, o estudo do comportamento do consumidor é capaz de gerar estruturas conceituais, como, por exemplo, comportamento de risco, psicografia, troca, interação comprador-vendedor, satisfação/insatisfação do consumidor, comportamento de compra da família e comportamento do consumidor industrial. Desenvolvem-se teorias genéricas de comportamento do consumidor com ênfase na escolha da marca e na lealdade a ela, integrando, assim, diversas disciplinas das ciências comportamentais, sociais e econômicas. Há também importantes modificações e adaptações de constructos e teorias provenientes de ciências do comportamento, tais como teorias de atitudes, processamento de informações, procura de informações, personalidade, difusão de inovações, poder, conflito, mudanças sociais, economia de tempo e informação.

Essa diversidade de tópicos – que passa por motivação, percepção, simbolismo e comportamentos de consumidores de diferentes culturas e etnias – enriquece as pesquisas sobre consumo de alimentos. A associação desta área de conhecimento com outras disciplinas faz do tema um campo de pesquisa curioso e estimulante.

Entre as principais tendências de comportamento do consumidor de alimentos apontadas por vários autores, estão: o tempo cada vez menor para preparar as refeições, ou seja, a necessidade de um alimento rápido e conveniente; a maior freqüência com que famílias comem fora; a menor freqüência com que famílias se reúnem à mesa para as refeições; a preocupação com o peso e os riscos associados aos produtos alimentares. Outros aspectos, como a necessidade de crianças prepararem sua própria refeição, o aumento do número de mulheres que trabalham fora, e de pessoas que moram sozinhas, criam uma demanda de conveniência: surgem novas tecnologias na cozinha – refrigeradores, *freezers*, microondas

– e alimentos são vendidos de forma a facilitar a vida do consumidor, como carnes temperadas e verduras lavadas e cortadas.

Outro movimento de mudança no comportamento dos consumidores se deve à associação crescente entre alimentos e saúde, ou seja, à necessidade de conhecer cada vez mais os valores nutricionais da comida. Alimentos passam a ser divididos em bons e maus. Geralmente, essa associação está relacionada a obesidade, risco de câncer e problemas com colesterol. No entanto, muitas dessas "verdades" mudam à medida que cientistas aprendem mais sobre nutrientes e sobre como eles agem no organismo humano – e não no organismo de animais usados como cobaias. Pesquisadores descobriram, por exemplo, que o modo como comemos influencia diretamente nossa saúde física e emocional, exercendo papel determinante em muitas doenças.

No Brasil, muitas variáveis conjunturais devem ser consideradas no processo de valorização da aproximação do consumidor, como programas de qualidade, redução do protecionismo, entrada de novos concorrentes com produtos novos ou produtos importados, maior estabilização da moeda e o Código de Defesa do Consumidor. O novo cenário mercadológico tem elevado o nível de exigência dos consumidores brasileiros, que se mostram também mais conscientes de sua importância e seus direitos. Empresas brasileiras parecem experimentar dificuldades em transformar suas estruturas onde o poder é exercido de cima para baixo em estruturas onde informações e tendências são buscadas e analisadas a partir do consumidor.

O caminho da pesquisa

Dois estudos preliminares facilitaram a escolha da forma como o comportamento do consumidor de alimentos é abordado neste estudo, em que se aplica a metodologia qualitativa no levantamento das informações, a partir de entrevistas com 29 mulheres. O primeiro estudo[1] partiu de perguntas simples, como o que elas gostam de comer mais ou menos, o que gostariam de mudar em suas dietas alimentares e que alimentos consideram bons ou ruins para a saúde. O objetivo inicial era pesquisar apenas as associações entre alimentos e saúde, mas os conflitos e as ambivalências que o tema envolve indicaram que ele não poderia ser tratado de maneira tão focada, e sim de forma a incluir uma maior diversidade de aspectos a serem pesquisados.

O segundo[2] estudo sugeriu que métodos mais quantitativos – como questionários estruturados – podem não fornecer informações com a profundidade, o detalhamento e as sutilezas que o tema requer. Um questionário sobre atributos nutricionais dos alimentos foi adaptado de uma pesquisa financiada pela European Food Information Council (EUFIC) e realizada pela Children's Research Unit, de Londres, em vários países da Europa.

Os resultados de uma amostra brasileira, composta de adolescentes de famílias com baixo poder aquisitivo, têm muitas semelhanças com os resultados do estudo europeu. Conhecidas as diferenças econômicas, sociais, históricas e culturais entre adolescentes europeus e brasileiros de classe mais baixa, a curiosidade dos pesquisadores moveu-se no sentido de refletir sobre essas semelhanças e investigar como essas informações estariam se refletindo na prática do grupo de adolescentes de baixa renda – com realidade tão diversa em relação aos países europeus. Os adolescentes parecem conhecer os atributos nutricionais dos alimentos, mas o que de fato comem?

---

[1] Este estudo foi apresentado no 21º ENANPAD (Encontro Nacional dos Programas de Pós-Graduação em Administração) realizado em Angra dos Reis, em 1997, e consta dos anais do Congresso como "Comportamento do Consumidor de Alimentos: informações e reflexões".

[2] Este estudo foi publicado em Cadernos de Debate, Revista do Núcleo de Estudos e Pesquisas em Alimentação NEPA/UNICAMP, Volume VI, 1998, como "Consumo de Alimentos e Nutrição: dificuldades práticas e teóricas".

Como falar de um resultado sem entender o processo e o contexto do tema analisado? Para isso, deveria o estudo ter tido uma observação mais próxima e detalhada do mundo dos adolescentes pesquisados. Foram então realizadas algumas entrevistas informais, que confirmaram a suposição de que os adolescentes identificam os alimentos mais nutritivos e adequados mas suas realidades alimentares estão distantes de suas informações, ou seja, comem o que está disponível e, caso possam escolher, as opções recaem no que consideram mais saboroso, e não mais nutritivo. Neste contexto, os adolescentes foram analisados como pessoas imperfeitas, dentro de condições mais naturais.

Na verdade, o questionamento feito a partir desta constatação é sobre as informações necessárias para analisar o consumo dos alimentos. Acredita-se que a delicadeza dos detalhes deva ser mais interessante que a amplidão das abstrações que se fazem, normalmente, quando se usa uma metodologia mais fechada. O ato de comer pode parecer simples, mundano, lugar-comum e natural. No entanto, está recheado de ambigüidades, conflitos e complexidades.

Métodos quantitativos não produzem a interação flexível entre pesquisador e pesquisado que favorece o surgimento de elementos novos, imprevistos e a apreensão de aspectos ambíguos. A interação menos formal leva o entrevistado a falar de seus sentimentos e suas verdades. O estudo do comportamento do consumidor de alimentos parece necessitar de metodologias de pesquisa que não se apresentem como um processo linear, e sim que possibilitem interações e construções em torno de um tema tão diverso.

A pesquisa

A existência de poucas pesquisas nesta área de conhecimento, principalmente no Brasil, é mais uma característica que sugere o uso de metodologia qualitativa. Entre os métodos qualitativos existentes, foi escolhida a entrevista em profundidade, semiestruturada. Entrevistas em profundidade possibilitam conhecer os pensamentos que as pessoas compartilham sobre o que consomem, ou seja, como elas interpretam e dão significado social ao comportamento, usando suas próprias estruturas de referências. Logo, o conhecimento pesquisado é aquele que o grupo naturalmente possui, manifestado em sua vida social e diária e em suas comunicações verbais.

O estudo do comportamento do consumidor lida com *gente* e destaca a tendência dos seres humanos a procurar dar significado a suas vidas, pois compartilham linguagem, sinais e objetos simbólicos que conferem sentido a sua existência. O reconhecimento de que *gente*, em geral, e consumidores, em particular, são diferentes de átomos e moléculas na sua infindável busca de significados leva à necessidade de interpretação das informações coletadas.

Ricoeur (1981) refere-se ao comportamento humano como um texto que requer interpretação, e ao mesmo tempo sugere uma avaliação holística inicial que reflita, entre outras coisas, os preconceitos de quem a conduz. Esta visão não está de acordo com a fórmula, aparentemente simplista, de confrontar teoria e dados no estudo do comportamento do consumidor.

Inicialmente, pretendeu-se utilizar, mais intensivamente, um *software* específico para a análise de dados qualitativos – Nud*ist – no intuito de organizar o extenso material, o que permitiria também o cruzamento de temas e a criação de diagramas. No entanto, percebeu-se que, ao mesmo tempo que poderia ser de grande auxílio no tratamento das informações isoladas, o *software* reduzia ou dificultava o conhecimento gestáltico, importante para o reconhecimento de relações, conexões, conflitos e contradições inerentes ao tema, ou seja, perdia-se a visão do todo.

A amostra pesquisada

Neste estudo, a opção por entrevistar apenas mulheres está relacionada à constatação de que a mulher tem papel predominante nas decisões relativas ao consumo de alimentos. Estudos feitos com casais sugerem que o compartilhamento do trabalho em casa é uma situação ainda dificilmente encontrada.

Na maioria das famílias, a mulher, ainda que exerça atividade remunerada, continua a dar mais importância ao lar do que ao seu trabalho, assumindo, portanto, as principais responsabilidades nos trabalhos domésticos e na criação dos filhos. Alguns estudos mostram que o controle da alimentação pelas mulheres ao longo da história tem sido também uma fonte de poder para elas, pois a habilidade de preparar e servir alimentos exerce direta influência sobre os outros membros da família – influência esta tanto material quanto, muitas vezes, mágica. As mulheres falam com grande fluência dos muitos significados que norteiam suas vidas a partir do consumo de alimentos.

O número de entrevistas não foi previamente estabelecido. As 29 mulheres entrevistadas foram selecionadas a partir de indicações. A composição e o tamanho da amostra obedecem ao princípio de "saturação" (Bertaux, 1980), que se constitui em avaliação do pesquisador em relação aos objetivos de pesquisa, ou seja, o pesquisador, num determinado ponto de seu trabalho, sente-se confortável em relação às informações obtidas e percebe que as informações começam a se repetir.

A escolha de famílias com filhos foi feita mediante a suposição de que a alimentação é um tema estreitamente relacionado à maternidade, o que facilitaria a conversa e levaria a um maior envolvimento das entrevistadas com as questões abordadas. Desta forma, o estudo poderia obter hábitos e percepções não apenas das entrevistadas, como de toda a família. Tais suposições parecem se confirmar na maioria das entrevistas, dada a importância atribuída à alimentação dos filhos e maridos e ao grande espaço por eles ocupados nos relatos.

A organização do estudo

O estudo está organizado em três partes. Como o comportamento do consumidor de alimentos pode ser interpretado a partir de múltiplas perspectivas, a primeira parte traz as contribuições de outras áreas de conhecimento à compreensão das maneiras complexas com que normas sociais, realidades econômicas, significados culturais, identidades históricas, tradições locais, processos de adoção e percepções de riscos se entrelaçam na compreensão dos hábitos alimentares. Essas informações assumem importância ainda maior no momento atual, quando é preciso administrar a relação entre acontecimentos do passado e mudanças do presente. O capítulo 1 traz os aspectos sociais e econômicos, o capítulo 2 analisa aspectos históricos, culturais e psicológicos e o capítulo 3 mostra as associações entre adoção, percepções de riscos e saúde que influenciam o comportamento do consumidor de alimentos.

A segunda parte do estudo apresenta as informações colhidas. O consumo de alimentos inclui – invariavelmente – conforto, riscos, significação, vontades, discordâncias, complexidade, trama e até cenários. Chega-se a alguns cardápios específicos de refeições sem que se deixem de lado as personalidades, as histórias, as preferências e as idiossincrasias – o que torna os comportamentos de consumidores diferentes uns dos outros.

As refeições compartilhadas acontecem em casa ou na rua, são preparadas ou compradas, são novidades ou rotinas, são saudáveis ou apenas prazerosas. Neste estudo, são feitas escolhas para que se chegue aos comportamentos analisados, que, mesmo repletos de significados, mostram-se a partir de motivos simples de entender e avaliar. Algumas mulheres entrevistadas enfatizam que "comida não é tudo", mas é difícil conter o muito oferecido por elas em suas narrativas sobre comportamentos tão freqüentemente repetidos.

No capítulo 4, analisa-se a comida do dia-a-dia, ou seja, hábitos, preferências e as combinações escolhidas. As relações dos alimentos com a saúde e as preocupações relativas ao peso são discutidas no capítulo 5, enquanto o capítulo 6 traz os significados do ato de cozinhar e os papéis sociais ligados às atividades de compra e preparo de alimentos. A adoção e a rejeição de novos alimentos, os riscos associados a novos alimentos e as influências dos meios de comunicação no consumo de alimentos são discutidos no capítulo 7.

A terceira parte do estudo traz uma interpretação a partir das informações descritas e analisadas nas duas primeiras partes, e sugere novas análises que ampliem o conhecimento sobre o tema.

O ato de comer e o ato de estudar o comportamento do consumidor de alimentos provocam reações comparáveis. Precisamos continuar comendo e, por mais abundante que tenha sido nossa última refeição, logo a fome reaparece. Da mesma forma, precisamos continuar pesquisando este tema, se considerarmos sua riqueza de alternativas e significados. Por mais prazeroso e gratificante que tenha sido realizar este estudo sobre o comportamento do consumidor de alimentos, permanece uma enorme curiosidade diante das inúmeras possibilidades de investigação que esta área de conhecimento apresenta.

PARTE 1

CONTRIBUIÇÕES AO CONHECIMENTO DO ESTUDO DO COMPORTAMENTO DO CONSUMIDOR DE ALIMENTOS

CAPÍTULO 1

ASPECTOS SOCIAIS E ECONÔMICOS

À margem da sociologia

O sociólogo, diferentemente de outros cientistas sociais, não se dedicou ao estudo do consumo de alimentos, de acordo com Gofton (1986). Os textos que analisam as influências de fatores sociais no comportamento de consumo têm sido produzidos, em sua maior parte, por pesquisadores da área de marketing. Sociólogos pouco produziram sobre consumo em geral, e menos ainda sobre consumo de alimentos.

Uma das explicações apresentadas por Turner (1982) é de que a sociologia tradicionalmente tem encontrado dificuldades para lidar com fenômenos fundamentados em necessidades naturais, como sexo e alimento, que, apesar de universais, têm infinitas variações. Mennell *et al* (1992) também levantam possíveis razões para o fato de só recentemente os sociólogos terem despertado interesse intelectual pelo alimento e pelo ato de comer.

O primeiro motivo que Mennell *et al* (1992) apresentam coincide com as colocações de Turner (1982), ou seja, a alimentação é uma necessidade vital do ser humano e as refeições, na maioria das sociedades, são um acontecimento muito óbvio para ser alvo de suas análises. O segundo motivo refere-se ao ambiente da alimentação, quase sempre na esfera doméstica, comparativamente de menor *status* do que as esferas política e econômica, preferidas pelos sociólogos.

Para Câmara Cascudo (1983), embora a sociologia da alimentação seja um princípio lógico dos próprios fundamentos do fato social – pois nenhuma atividade é tão permanente na história humana – a culinária "segue sendo uma ocupação fundamental mas obscura e confusa dentro do organismo social por ela mantido" (p.398). De acordo com o autor, a fome mereceu maior interesse dos estudiosos. Ele observa ainda que o alimento "ficou à margem da Sociologia em sua expressão específica e manejado no plano econômico ou nutricional" (p.440).

Doenças: retrato de uma civilização

Por que os alimentos e o ato de comer emergiram recentemente como área substancial de pesquisa e de interesse de sociólogos? Para Mennell *et al* (1992), uma das razões pode estar ligada ao aumento da importância dos problemas de nutrição. Outra razão estaria relacionada à profissionalização do nutricionista, do dietista, e à evolução da medicina preventiva, envolvendo muitos sociólogos nesta área de estudo. Além disso, o desenvolvimento das sociedades industriais foi acompanhado de doenças como obesidade e anorexia nervosa.

A anorexia nervosa e a bulimia estão associadas ao medo de engordar ou à enorme vontade de emagrecer. Médicos, psiquiatras, psicólogos, historiadores, feministas e sociólogos têm se interessado pelo tema. Não existe consenso sobre quando surgiram essas doenças ou mesmo se sempre existiram. No entanto, é verificado um crescimento dos casos de anorexia e bulimia no século XX.

Como explicar esse crescimento? Alguns livros e artigos europeus, do final do século XIX, destinados a leitores da classe média baixa, ensinavam como engordar, o que demonstra que o ideal da figura magra não era ainda dominante na sociedade européia. O problema e o medo de engordar gradualmente se espalharam por todos os níveis sociais no mundo ocidental e "ser magro" tornou-se uma unanimidade na mídia de massa do século XX (Bell, Valentine, 1997). O ato de comer compulsivamente pode ser considerado um vício, como fumar, beber ou jogar. Em 1960 foi criado, em Los Angeles, o grupo Comedores Compulsivos Anônimos, que chegou ao Brasil na década de 80 e hoje tem cerca de 138 centros espalhados pelo país, com aproximadamente 1.500 freqüentadores. Essas pessoas comem muito para preencher um vazio que, muitas vezes, é um outro vício que abandonaram. A maioria é de obesos que não conseguem controlar seus impulsos com remédios, segundo a Associação Brasileira de Estudos da Obesidade. "Os grupos são estimulados a fixar o número diário de refeições e a abster-se de determinados alimentos pelos quais têm compulsão, sendo importante o contato com outros comedores compulsivos que conseguiram contornar o problema" (*Sexo...*, *1999*).

Menneel *et al* (1992) criticam o fato de pesquisas relacionadas a doenças associadas à alimentação apontarem causas ligadas à medicina e à psicologia e negligenciarem a questão social que elas envolvem. Os autores chamam a atenção para o fato de essas doenças surgirem, principalmente, em grupos demográficos específicos, em países mais industrializados e entre mulheres jovens e brancas de classe social mais elevada. Segundo Mennell *et al*, as razões para o grande aumento do número de casos nas últimas décadas parecem ser, predominantemente, psicossociais, como, por exemplo, a ênfase à magreza no mundo da moda e o aumento do número de reportagens na TV e na mídia impressa sobre dieta e sobre o desejo de ser magro.

DaMatta (1996) também chama a atenção para os modelos ideais projetados pelos meios de comunicação de massa nos Estados Unidos, cada vez mais distantes da realidade do problema da obesidade no país. Para ele, "Stallones e Julias Roberts – que realizam o impossível e impensado – povoam um cotidiano de obesos e revelam uma exclusão social e gordurosas frustrações pessoais" (p.222).

Gordo e magro: estigmas

Com uma visão brasileira da realidade americana, DaMatta (1996) atribui o alto índice de obesos dos Estados Unidos (mais de 70% da população) a um "sistema baseado no desperdício e na abundância perversa" (p.222), embora considere outros fatores, como "a extrema automação que conduz a menos esforço físico", "menos energia gasta para comprar, vender ou trabalhar" e "sedentarismo resultado de vida suburbana e de abundância financeira que leva as pessoas a caminharem cada vez menos a pé".

DaMatta (p.221) comenta a dificuldade de interpretar culturas e estereótipos criados. Nos Estados Unidos, "o gordo representa a feiúra, a doença e o desleixo e, no Brasil, a barriga que quer rasgar a camisa pode denotar riqueza e uma situação confortável". Já Câmara Cascudo (1983, p.441) lembra que "a identidade alimentar não apenas fixa a continuidade cultural mas a contigüidade do grupo na extensão social".

Mesmo com a possibilidade de uma barriguinha masculina, constata-se que o corpo ideal foi ficando cada vez mais magro, ou seja, as pessoas sentem uma pressão cada vez maior para serem magras. Por outro lado, constata-se também que o peso médio da população está subindo. Ser magro não é apresentado apenas como um atrativo físico, mas é também associado a sucesso, poder e outros atributos superiores. Estar acima do peso, por outro lado, pode estar associado a alguém não saudável fisicamente, preguiçoso, relaxado ou até malandro.

Idades, padrões

Mennel *et al* (1992) observam que as pesquisas sobre padrões alimentares concentram-se em adultos e, em segundo lugar, nas crianças, pois assume-se que a maioria dos hábitos e comportamentos da idade adulta é adquirida e formada a partir da infância. Mais recentemente, idosos têm despertado o interesse de pesquisadores, por estarem numa fase da vida em que a dieta é ainda mais estreitamente ligada à saúde, ao mesmo tempo que o item saúde representa uma parcela maior de seus gastos.

Os adolescentes têm sido alvo de poucas pesquisas, de acordo com Prattala's (1989). A autora observa que eles se confrontam com uma dualidade: apesar de bastante cientes da importância dos alimentos "de verdade", ensinada por seus pais, e da divulgação de advertências sobre os perigos de gorduras e açúcares em excesso, consideram a chamada *junk food* (pizza, hambúrger, batata-frita, sorvete, etc) mais atraente. Ela afirma que os adolescentes gerenciam essa dualidade de acordo com o contexto social: em casa ou com autoridades, como professores, comem a "comida de verdade", mas em grupo a opção é *junk food*.

Comer sozinho: adeus às regras

Lukanuski (1998) analisa o ônus de comer sozinho. Segundo ele, a comida ainda é preparada com a expectativa de que seja compartilhada: as refeições do dia-a-dia devem ser compartilhadas com a família imediata e, nos fins de semana, também com amigos e familiares menos próximos.

O autor fala da dificuldade de conversar com pessoas sobre o ato de comer solitário. Em geral, elas ficariam constrangidas. Comer sozinho é, quase sempre, uma última opção. Quem o faz não tem um padrão de comportamento próprio, mas não há expectativas de que etiquetas sociais sejam seguidas. Mesmo que alguns solitários se sintam como se estivessem sendo observados, muitos se sentem livres de responsabilidades, como a preocupação com uma refeição balanceada, bons modos e uso de mesa e guardanapo.

De acordo com Lukanuski, alguns estudos que se preocupam em entender comportamentos relacionados ao ato de comer mostram que as pessoas que comem sozinhas o fazem de maneiras diferentes. O obeso comerá mais se estiver sozinho, e o não obeso, menos. Idosos que moram sozinhos preparam menos refeições em casa e as mulheres tendem a eliminar uma refeição se tiverem de comer sozinhas.

Beil (1998) observa que o típico morador de uma grande cidade come sozinho um sanduíche, num balcão de lanchonete, e à noite come em frente à televisão. O afeto das refeições familiares ou com amigos parece estar cedendo lugar à companhia da TV. Em países desenvolvidos, é comum, no almoço, encontrar pessoas acompanhadas de livros. Lukanuski lembra um provérbio italiano que pode ser entendido em todas as culturas: "Aquele que come sozinho vai morrer sozinho."

Evolução cultural: do popular ao sofisticado

Para Ferguson e Zukin (1998), os grandes investimentos em negócios ligados a alimentos naturais, a partir dos anos 80, podem ser vistos como uma reação à industrialização da produção de alimentos e à despersonalização dos convenientes sistemas de *delivery*. Muitos consumidores redescobriram o valor do fresco e da variedade. Mennell *et al* (1992) também chamam atenção para o crescimento dos vegetarianos e macrobióticos como uma reação ao acelerado desenvolvimento tecnológico.

Apesar de fatores associados a nutrição, poluição e tecnologia influenciarem a escolha ou a rejeição de tipos específicos de alimentos, Ferguson e Zukin afirmam que os processos sociais e culturais predominam no campo da culinária contemporânea, pois o consumo de alimentos representa uma marca para a identidade e para o status social.

Na opinião dos autores, a grande promoção recente dos alimentos está associada ao ato de "comer fora" de casa. O grande desenvolvimento da indústria de restaurantes refletiria não apenas o crescimento de um mercado de consumo de massa com comidas padronizadas, do tipo McDonald's, como também o crescimento de experiências individualizadas e sofisticadas. Nos dois casos, consumidores parecem subordinar sua identidade social a papéis escritos por garçons e chefs.

Ferguson e Zukin (1998) chamam atenção para o status adquirido pelos grandes chefs. Para isso contribuiu a arte da nouvelle cuisine, que surge na década de 60, na França, como uma oposição à clássica cozinha francesa. Trata-se de uma culinária que mistura estilos velhos e novos, ingredientes simples e exóticos, cozinha familiar e local com cozinhas estrangeiras, que enfatiza a riqueza do sabor derivado do frescor dos ingredientes e que se caracteriza ainda por pequenas porções servidas em grandes pratos. Contribuíram também para a fama dos chefs – e da nouvele cuisine – a televisão, os jornais, a moda e as revistas especializadas.

Câmara Cascudo (1983) também atenta para a divulgação da culinária, e observa o aparecimento de livros com receitas de iguarias legitimamente locais. Até então, os livros não traziam receitas de pratos simples e populares, mas, sim, de comidas exóticas destinadas às classes mais abastadas. Além disso, chefs de sofisticados restaurantes passaram a assinar pratos congelados prontos ou semiprontos, comprados em lojas especializadas e supermercados, o que poderia ser interpretado como uma popularização da comida assinada e, ao mesmo tempo, uma adaptação à falta de tempo da vida atual (Luxo...,1999).

Refeição familiar, um hábito em transformação

Dickson e Leader (1998) comentam a tendência de jornalistas e analistas sociais anunciarem e lamentarem o declínio da refeição familiar, que estaria "morrendo nos sofás assistindo à TV" e, com ela, o declínio da família, "que estaria literalmente se despedaçando". Ao mesmo tempo, o sucesso da comida conveniente, em combinação com o uso de *freezers* e fornos de microondas, estaria proporcionando mais tempo livre para as pessoas verem televisão, o que também contribuiria para o declínio das refeições familiares, em que as pessoas não compartilham apenas alimentos, mas conversas. Os autores questionam se isso está acontecendo nessas proporções. Sociólogos que estudam o assunto parecem discordar a respeito. Eles se dividem entre os que acham que o aumento do "beliscar" entre as refeições está tornando o ato de comer menos social e mais individual e os que, apesar das mudanças, acreditam que a refeição familiar está viva e continua sendo a forma de consumo de alimentos mais comum e importante.

Muitas mudanças nos alimentos e nos hábitos de alimentação ocorreram a partir da Segunda Guerra Mundial: novidades tecnológicas, como *freezer* e forno de microondas, a melhoria de qualidade dos alimentos, o aumento de quantidade e variedade, a conveniência das embalagens e comidas pré-prontas, a propagação do hábito de comer fora. Mesmo concordando que as mudanças alteraram a escolha de alimentos e sua forma de preparação, Dickson e Leader (1998) reclamam das poucas indicações, em pesquisas sociológicas, sobre o quanto tais fatores realmente afetaram as refeições familiares e a continuidade desse costume.

O que seria mais importante? Compartilhar os componentes e ingredientes de uma refeição ou compartilhar o tempo e o espaço? Para Dickson e Leader (1998), a refeição é fundamentalmente uma ocasião social e o fato, por exemplo, de o hábito de comer fora estar se popularizando não significa, necessariamente, que a família não está sendo incorporada à programação social. Dessa forma, para os autores, mudanças no conteúdo e nos métodos de preparação de alimentos podem não ser indicadores de mudanças nas refeições como eventos. Segundo eles, as refeições atualmente podem não corresponder às descrições mais populares da História, mas possuem ainda um significado social para aqueles que delas participam. Apesar do desenvolvimento tecnológico e da conveniência dos alimentos, a refeição familiar persistiria por ser um evento que reúne pessoas.

O estudo de Dickson e Leader é dividido em duas partes. A primeira delas procura analisar como as refeições são mostradas nos programas e nas propagandas de televisão; e a segunda, como, de fato, essas refeições acontecem na vida real. Na segunda parte foram entrevistadas famílias com filhos de idades entre 11 e 18 anos. O estudo conclui que os programas e as propagandas mostram predominantemente imagens de pessoas "beliscando" ou comendo sozinhas, o que não tem conexão com hábitos descritos pelas famílias entrevistadas: tanto pais quanto filhos dizem valorizar muito as refeições familiares.

Comer em casa x comer fora

Warde e Martens (2000) procuram compreender os significados de "comer fora", em pesquisa realizada no Reino Unido, inicialmente com base em 23 entrevistas semi-estruturadas. Primeiro, fazem uma pergunta aberta sobre o significado de comer fora e, em seguida, uma série de eventos é apresentada para que os respondentes apontem o que consideram ou não "comer fora": refeições em restaurantes, bares ou *pubs*, "beliscar" durante um café com amigos, tomar o café da manhã fora nos fins de semana, sanduicherias, almoço de domingo em casa de familiares, sanduíches no local de trabalho e cafeterias, casas de chá, docerias. Esses eventos excluem comprar a comida para comer em casa (*delivery*), inclusive por telefone ou internet, ou seja, a delimitação se baseia no aspecto do espaço, do consumo fora de casa. Os eventos mais identificados com comer fora são: restaurantes, bares e *pubs*, os mais populares.·

Warde e Martens apontam as principais associações feitas pelos entrevistados com o "comer fora":

- Economia de trabalho, comida preparada e servida por outros.

- Algo especial que pode estar relacionado com o quê, onde e com que freqüência se come.

- Ritual ou a organização da refeição: mesa, menu, tempo gasto e quantidade de comida.
- Pagamento envolvido, a refeição paga, a situação comercial.
- Espaço social de separação da esfera doméstica.

O espaço de separação da esfera doméstica e da esfera comercial, que se opõe à situação privada e íntima do lar, pode ser associado a duas categorias sociológicas – a *casa* e a *rua* – citadas por DaMatta (1984) em sua análise da sociedade brasileira. Esses dois termos não se referem apenas aos espaços geográficos e físicos que representam, mas, principalmente, às esferas de ação social.

A *casa* representa um espaço onde os indivíduos são únicos e ocupam posições distintas dentro de uma rede de relações que reflete significativas dimensões sociais. Na *casa* podem-se fazer coisas que poderiam parecer inadequadas na *rua*, como, por exemplo, ser o centro de atenções para os presentes, rir de algo específico, ter um lugar determinado na hierarquia da família ou ter direito, inalienável, sobre algum espaço físico, como sentar na cabeceira da mesa de jantar.

Já a *rua* é o domínio público onde o indivíduo é anônimo, não tem voz nem vez e pode até ser ignorado. A pessoa deixa a *casa*, vai para a *rua* procurar, por exemplo, um restaurante e, dependendo da hospitalidade com que é recebida, vai se sentir mais perto de *casa* ou da *rua*.

Essa percepção parece fazer muita diferença para o brasileiro. Beardsworth e Keil (1997, p.119), quando falam do "jantar fora" e de seus valores, como auto-indulgência, prazer, entretenimento, atmosfera e ambientes diferenciados, observam que o jantar fora pode ser visto também como uma convergência entre, de um lado, o privado e pessoal e, de outro, o público e social.

Warde e Martens (2000) procuram conhecer as principais razões para comer fora. Estas podem ser estar associadas ao *prazer* (fazer algo diferente, comemorações, gostar de comer), ao *des-*

canso (relaxar e descansar da cozinha) e à *necessidade* (fome, estar longe de casa, obrigação social). Para Krell (1998), um crítico em relação ao grande crescimento dos restaurantes *fast-food*, as pessoas saem para comer para se olharem. Seria um ato narciso, uma perversão da casa e da cozinha.

Warde e Martens também investigam as atitudes relacionadas a comer fora. Seus entrevistados são convidados a concordar ou não – dentro de uma escala de cinco pontos – com 29 opiniões como, por exemplo, "eu gosto de comer fora porque não gosto de cozinhar". Numa análise fatorial, oito fatores são construídos:

Fator 1 – *Interesse em aprender* – Ex: "Comendo fora eu aprendo sobre alimentos", "Eu sempre converso com outras pessoas sobre meus programas."

Fator 2 – *Trabalho em casa é opressivo* – Ex: "Gosto de comer fora porque significa que não tenho que cozinhar", "Quando como fora gosto de escolher comidas que não como em casa."

Fator 3 – *A casa é a melhor opção* – Ex: "Comidas preparadas em casa são melhores", "Comer fora é gastar dinheiro à toa."

Fator 4 - *Consumidor indulgente* – Ex: "Não me preocupo com comidas saudáveis quando como fora", "Quando como fora, como mais do que comeria em casa."

Fator 5 – *Comer fora é divertido* – Ex: " Eu me sinto bem em qualquer tipo de restaurante", "Quando como fora, o que gosto mais é da companhia e da conversa."

Fator 6 – *Gosto do que conheço* – Ex: "Sou desconfiado com comidas que não conheço."

Fator 7 - *Consumidor experiente* – Ex: "Se não fico satisfeito com a refeição, reclamo", "Eu prefiro que não haja crianças em volta quando como fora."

Fator 8 – *Preferência por informalidade* – Ex: "Eu não gosto de lugares formais e sofisticados", "Eu não presto muita atenção na decoração quando como fora."

Comer fora é também uma variável usada em pesquisas que procuram analisar o estilo de vida de grupos de consumidores ou classes sociais. Mennell *et al* (1992) afirmam que as diferenças sociais no comportamento do consumidor de alimentos têm declinado ao longo do tempo, ou seja, os contrastes relacionados a classes sociais, idades, regiões e estações do ano têm diminuído, ao mesmo tempo que têm aumentado a variedade e a disponibilidade de alimentos.

De acordo com Warde e Martens (2000), no entanto, a freqüência com que as pessoas comem fora parece estar fortemente associada à posição sociodemográfica delas. Pessoas com renda mais alta, nível de educação mais elevado, mais jovens, que trabalham em horário integral, sem filhos, e solteiras tendem mais a comer fora.

Do ponto de vista sociológico e da família, a mudança mais significativa que parece ter ocorrido após a Segunda Guerra Mundial não está associada ao "comer fora", mas, sim, aos novos papéis sociais assumidos pela mulher, que não apenas a fizeram sair da casa para o trabalho, como também mudaram a divisão de trabalho no lar. Mesmo assim, de acordo com Dickson e Leader (1998), os principais papéis que continuam a ser associados à mulher são os de preparar as refeições e comprar alimentos.

A mistura brasileira

Muitos estudos têm abordagens históricas, antropológicas ou sociológicas, procurando entender dualidades ou polarizações em relação aos alimentos: falta *versus* abundância, banquete *versus* jejum e pobreza *versus* riqueza. Esses dilemas estão intimamente relacionados, pois todos eles estão ligados à quantidade de alimento disponível a que diferentes grupos de pessoas, em determinado momento, têm acesso. O bem-estar material está relacionado à posse de bens, incluindo muitos tipos de alimentos (Bell, Valentine, 1997).

Ao analisar duas festas em ambientes sociais distintos – uma festa de casamento de pobres e uma festa de bodas de prata de ricos – em um mesmo dia, DaMatta (1996 p.24) fala da fartura de bebidas e comidas em ambas e dos diferentes tipos de pessoas presentes, já que os brasileiros costumam ter uma rede de relações diversificada e heterogênea: "Todo mundo é amigo de todo mundo".

Ao focalizar especificamente a comida, DaMatta observa que ela, nos dois casos, atenua diferenças sociais, pois comendo a mesma comida as pessoas ficam mais iguais. Relacionando comida e festas, o autor observa que nada é mais prazeroso do que comer com amigos, pois os brasileiros adoram dividir o que comem em casa ou no restaurante, onde são capazes de carinhosamente dar uma "provinha" na boca do amigo.

Exemplos como os fornecidos por DaMatta – juntar pessoas diferentes ou dar uma provinha do prato na boca do amigo – enquadram-se no que Barbosa (1992) chama de *jeitinho* brasileiro. *Jeitinho* é uma palavra no diminutivo que pode ser entendida como uma maneira especial de resolver um problema ou uma situação através de solução criativa frente a um acontecimento imprevisto.

A solução criativa costuma estar associada à quebra de normas ou regras ou a algum tipo de conciliação ou habilidade. Barbosa chama a atenção, no entanto, para o fato de a prática do *jeitinho* poder ser vista tanto como algo negativo – quando as regras são quebradas – quanto como algo positivo, associado à engenhosidade do brasileiro para estabelecer relacionamentos. Segundo o autor, *dar um jeitinho* é criar espaços pessoais em domínios impessoais sem que isso tenha sido planejado, ou seja, é o *jeitinho* da improvisação.

Outro aspecto assinalado por Barbosa refere-se à facilidade com que brasileiros quebram hierarquias e estabelecem relações pessoais mais íntimas, seja entre pessoas de diferentes classes sociais – as festas descritas por DaMatta (1996) – seja entre indivíduos que eram desconhecidos e que se tornam aparentemente grandes e íntimos amigos em pouco tempo. A autora salienta que "quem é e quem não é amigo" parece ser uma categoria de difícil compreensão no Brasil. Cabe lembrar que a intimidade que se estabelece em sociedades relacionais está baseada, principalmente, na proximidade física e em demonstrações de afeto.

Para DaMatta (1996), os números oficiais vergonhosos que o Brasil apresenta na distribuição de renda da população são incompatíveis com a experiência de festas, comida e *jeitinho* dos brasileiros. A sociedade brasileira parece "dissolver os números calamitosos de uma economia indigesta na deliciosa feijoada que o amigo modesto, mas generoso, faz questão de oferecer" (p.25). Desta forma, a boa comida parece harmonizar e servir de denominador comum numa sociedade fortemente desigual.

Consumo x renda

Fora do contexto social do Brasil, no entanto, alguns estudos verificam uma relação inversa entre gastos com comida e o total de recursos recebidos. Ritson (1986) menciona a "lei de Engel", segundo a qual o nível de gastos com alimentos diminui na proporção dos recursos recebidos, e o aumento dos recursos recebidos é acompanhado de uma diminuição do consumo de produtos inferiores, em favor de outros de mais alta qualidade, dependendo de características demográficas dos lares, da posição econômica e de fatores socioculturais.

De acordo com Harris (1986), as classes econômicas mais altas tendem a comer maior variedade de alimentos, quando comparadas às classes de mais baixo poder aquisitivo, o que estaria mais de acordo com as recomendações nutricionais atuais. Grigg (1993) comenta o crescimento do consumo de carne vermelha no mundo todo, sendo que, no Ocidente, considerados os diferentes tipos de alimentos, a carne se encontra entre aqueles cujo consumo mais cresceu.

Avaliando o aspecto simbólico da carne, a autora observa que a variedade dos produtos cresce e declina com as classes que os consomem e que na França, no final dos anos 80, já se percebia que a carne vermelha perdera grande parte do seu poder simbólico. Grigg (1993) considera o tempo o grande inimigo do prazer de comer e também da saúde, pois, embora as embalagens dos alimentos pré-prontos possam ser consideradas bonitas e coloridas, o sabor desses alimentos seria pouco interessante e a eles seriam incorporadas grandes quantidades de gordura, açúcar, sal e aditivos químicos.

Diversos estudos na década de 80 (Twigg, 1983; Amato e Patridge, 1989) revelam sistemas de crenças e preferências que buscavam recuperar a pureza e a naturalidade perdida com o artificialismo da civilizada sociedade urbana, associando saúde ao consumo reduzido de alimentos processados, suspeitos de conterem aditivos, ou evitando o consumo de alguns produtos de origem animal.

Entretanto, na mesma década de 80 observou-se um grande crescimento do número de mulheres no mercado de trabalho, que passaram a demandar alimentos de preparo mais conveniente e, com certeza, mais industrializados, o que gera mais um conflito na questão alimentar. Como economizar tempo no preparo das refeições e procurar as opções mais saudáveis para a família? Quais são essas opções mais saudáveis?

CAPÍTULO 2

ASPECTOS HISTÓRICOS, CULTURAIS E PSICOLÓGICOS

"Somos o que comemos"

Uma análise da literatura de antropologia *cross-cultural* sobre alimentos mostra a grande importância da cultura na determinação do que se come. Antes de ingerir um alimento é preciso ser capaz de reconhecê-lo, identificá-lo, entender seu lugar na sociedade e classificá-lo como apropriado.

Em toda sociedade, dentro do leque dos alimentos tidos como apropriados para serem ingeridos, apenas alguns são considerados adequados ao consumo (James, 1990). Para Douglas (1998), as variações culturais relativas à *cuisine* são produto da maneira como as sociedades ordenam seu universo e atribuem valor e status. Desta forma, os alimentos compatíveis com a taxonomia cultural são classificados de puros e adequados. Os outros, não sendo membros da subjetividade cultural, são considerados inadequados ao consumo. Como simbolicamente nos lembra Lévi-Strauss (1991): "*Somos o que comemos.*"

Destaca-se uma questão brasileira e particular da nossa língua, o português. A palavra *food,* do idioma inglês, pode ser traduzida para o português como alimento ou comida. Embora Gofton (1986) reclame daqueles que chegam a sugerir que

41

nutrients, e não *food*, são ingeridos, afirmando que esta última seria a palavra correta a ser usada por carregar as dimensões sociais, a língua inglesa parece não ter tantas dúvidas como a portuguesa.

Sobre essa questão, DaMatta (1984, 1996), quando analisa a alimentação dos brasileiros, faz uma distinção importante e esclarecedora entre alimento e comida, para quem pretende estudar o comportamento do consumidor brasileiro: "Para nós, brasileiros, nem tudo que alimenta é sempre bom ou socialmente aceitável". Do mesmo modo, nem tudo que é alimento é comida. Alimento é tudo aquilo que pode ser ingerido para manter uma pessoa viva; comida é tudo aquilo que se come com prazer..." (1984 p.55). "Temos então alimento e comida. Comida não é apenas uma substância alimentar, mas é também um modo, um estilo e um jeito de alimentar-se" (p.56).

O autor prossegue sua diferenciação ressaltando a universalidade do alimento, que diz respeito a todos os seres humanos, sejam eles amigos ou inimigos, do Brasil ou de fora, enquanto a comida se refere ao costume, o que auxilia pessoas, grupos ou classes a se identificarem, "servindo como um código para marcar identidades sociais (churrasco é comida de gaúcho; arroz, de chinês, feijoada, de brasileiro em geral etc.) e situações especiais (no almoço de domingo servimos um cozido; para uma visita importante, uma galinha assada cai bem etc.)" (1996 p.220).

Da Matta (1984) faz algumas observações que se aplicam a qualquer cultura, sugerindo que os alimentos são dotados de forte valor simbólico. "O jeito de comer define não apenas aquilo que é ingerido como também aquele que o ingere" (p.56). "Diz-me o que comes e dir-te-ei quem és"(p.58).

Comida e seus significados

Barthes (1961) compara o alimento à roupa, ao afirmar que tanto a função da roupa quanto a do alimento não podem ser dissociadas de seus significados simbólicos. Douglas (1998) compara o alimento ao sexo, por ambos possuírem componentes biológicos e sociais. Para Barthes (1961), quando um tipo de alimento é consumido ou servido, o homem não está manipulando um simples objeto, que faz parte de uma moda passageira. Segundo ele, este alimento significa mais e está sinalizando uma situação, ao mesmo tempo que transmite um significado.

Já Mary Douglas (1979) trata o alimento como um código. Para a autora, se um código gera uma série de possibilidades de mensagens a serem enviadas, as mensagens contidas nos alimentos poderão ser encontradas e analisadas a partir dos padrões de relações sociais expressos.

Uma das reflexões de Douglas, sobre os significados sociais dos alimentos, refere-se às diferenças observadas entre duas amplas categorias: comidas e bebidas. Bebidas ou *drinks* são oferecidos a estranhos, conhecidos, trabalhadores e, às vezes, à família. Refeições completas são, principalmente, oferecidas à família, a amigos próximos ou a convidados importantes. Essa divisão simboliza, segundo a autora, uma separação entre os mais e os menos íntimos, ou entre os mais e os menos importantes. Logo, aqueles que se conhecem nas refeições também se conhecem nos *drinks,* pois refeições expressam um relacionamento mais próximo. Já aqueles que se conhecem apenas para *drinks* são aqueles com os quais se tem pouca intimidade.

A divisão feita por Barthes (1961) se refere às diferentes atividades exercidas pelo homem ou às diferentes situações em que ele se encontra. O autor observa que comer é um comportamento que sinaliza outros comportamentos, em atividades como trabalho, esportes, lazer, comemorações.

Segundo Barthes, enquanto no passado apenas ocasiões festivas eram sinalizadas pelas comidas de forma organizada, no mundo moderno todas as situações podem ser expressas através de comida. O trabalho, por exemplo, tem seu tipo de comida: comida com energia, comida leve. Além disso, há os almoços de trabalho e os petiscos após o trabalho. A previsão do autor é de que, no futuro, as sociedades organizarão o significado de suas comidas em dois grandes focos: as atividades em geral (e não mais o trabalho) e o lazer (e não mais apenas as comemorações).

Como exemplo, Barthes (1961) se refere especificamente ao café e a seu uso na França. Segundo ele, na França há uma tendência a se transformar a comida numa situação. Conta o autor que, durante séculos, o café foi considerado um estimulante do sistema nervoso. Mas a propaganda contemporânea, embora não apague essa função tradicional de forma clara, paradoxalmente associa o café mais e mais a imagens de pausas para descanso e até a relaxamento.

Desta forma, Barthes (1961) procura mostrar que essa mudança na comunicação indica que o café é percebido não apenas como substância, mas como circunstância ou situação de uso. É reconhecido como o momento para interromper o trabalho e/ou para uma conversa. Para o autor, essa mudança do foco da 'substância' comida ou bebida para seu uso aumenta o poder do significado dos alimentos. O alimento perde substância e ganha função.

Transformando natureza em cultura

Lévi-Strauss (1966), numa de suas reflexões sobre cultura, escolhe duas maneiras de cozinhar – testadas em inúmeras sociedades com seus mitos e ritos – para realçar o contraste entre natureza e cultura: o grelhado e o cozido. O alimento grelhado é diretamente exposto ao fogo e o cozido, submerso na água, o que depende também de um recipiente. Desta forma, simbolicamente, o grelhado estaria mais próximo da natureza e o cozido, mais próximo da cultura. Segundo o autor, a cultura é a mediação necessária nas relações entre o homem e o mundo, assim como o cozido precisa da mediação da água na relação entre o alimento e o fogo.

Lévi-Strauss refere-se também à transformação do ato de cozinhar para fazer uma associação da diferença entre os alimentos cru e cozido com a diferença entre natureza e cultura. Na esfera do comer, cozinhar é o que transforma a natureza (ingredientes crus) em cultura (comida aceita pelo homem). O autor aproveita essa associação para discutir o caráter dual do ser humano, que é um animal com necessidades biológicas semelhantes às de outras espécies – como, por exemplo, comer – mas que possui a linguagem, a inteligência e a cultura que são únicas no planeta. Portanto, o homem é, ao mesmo tempo, criatura da natureza e da cultura.

O sabor de cada povo

Outro aspecto a ser observado é o hábito de comer a comida ainda quente. Trata-se de um costume culturalmente específico e também moderno. Desenvolveu-se um gosto pelo quente, que depende da tecnologia e de instrumentos como garfo, faca e colher, já que não se pode comer um alimento quente com as mãos. Quando são servidas bebidas quentes, as pessoas tendem a gostar delas muito quentes. Pires embaixo de xícara serve para proteger as mãos. Na França do século XV era servido, ao final das refeições, um vinho quente aromatizado chamado "vinho da despedida", acompanhado de doces. Era bebido em pé e, como o passar do tempo, foi substituído pelo café (Visser, 1998).

Beardsworth e Keil (1997) chamam a atenção para que, dentro do aspecto simbólico, sejam focalizados, além das comidas e bebidas, individualmente, os eventos, as festividades, as celebrações e os ritos de passagem que marcam mudanças ao longo da vida. Segundo eles, quando comemos ou bebemos não estamos apenas consumindo importantes nutrientes, mas consumindo experiências de sabor, prazer, significados e símbolos. Todo alimento e toda bebida presentes na dieta humana carregam significados simbólicos. Desta forma, a imagem de um produto é influenciada pelo significado que ele adquiriu nas sociedades ao longo do tempo.

Na visão de Zeldin (1996), o mundo esteve dividido em três grandes impérios, de tamanhos iguais, baseados nos três principais alimentos estabelecidos: trigo, arroz e milho. O que separou as pessoas foram os molhos ou temperos adicionados: no Mediterrâneo o azeite de oliva, o chili no México, a manteiga na Europa e a soja na China. Para o autor, "cada povo põe seu próprio sabor na comida, e só aceita mudanças se puder escondê-las de si mesmo, disfarçando as novidades no seu sabor especial" (p.91).

De acordo com Visser (1998), comidas muito escuras, como café, chocolate, trufas e caviar, há muito tempo estão associadas à excitação e ao luxo. Segundo ele, além de lembranças de família, comemos história e valor cultural.

Para Gofton (1986), com as novas tecnologias o significado simbólico dos alimentos tornou-se menor do que no passado, quando representavam a estação do ano, a hora do dia, o dia da semana e marcavam os diferentes papéis representados nas relações como, por exemplo, de adultos e crianças, mais ou menos formais.

Zeldin (1996) observa que as crianças são geralmente educadas para serem fiéis ao gosto da família, mas que, recentemente, parecem estar sendo criadas de forma a desenvolver o seu próprio gosto: "Estão se formando pessoas encorajadas a tratar os gostos como estes as tratam, ou seja, como dignos de serem respeitados, reconhecidos e compreendidos" (p.90), e não se erguendo muralhas entre alimentos de que gostam ou não gostam.

Teriam os significados simbólicos dos alimentos diminuído ou apenas se modificado com o avanço, principalmente, da tecnologia da informação? Ao focalizar práticas mundanas de consumo, como a compra no supermercado e os atos de cozinhar, comer e beber, Bell e Valentine (1997) lembram que essas práticas remetem a temas contemporâneos da sociedade e da cultura, como saúde, nacionalismo, ética, estética. Os autores observam que é possível conhecer e compreender pessoas e sociedades através de suas comidas e bebidas.

Bell e Valentine dizem que ritos de passagem são marcados por consumo ou mesmo são construídos a partir do consumo de determinados bens, como, por exemplo, alimentos e bebidas. O consumo na sociedade contemporânea, segundo Appadurai (1993), é caracterizado por sua natureza efêmera, e sua prática envolveria novas relações entre o querer, o relembrar, o ser e o comprar.

A experiência brasileira

Cabe lembrar e analisar como se construiu a história da alimentação no Brasil, ou seja, como se formaram o ser, o querer e o comprar do brasileiro. De norte a sul, a culinária brasileira parece trazer o gosto, o cheiro e o tempero da diversidade étnica e da povoação desordenada do país, em que paulistas e portugueses, guiados pelos índios, desbravaram o interior; senhores de engenho, escravos africanos e invasores holandeses mesclaram culturas no Nordeste; europeus e gaúchos ocuparam os pampas.

A culinária tem adquirido prestígio e se aproximado mais da História. Livros lançados recentemente procuram compreender a mistura da culinária brasileira e assumem que *comida também é cultura*. Como observa o sociólogo Carlos Alberto Dória, "enquanto na França um grande *chef* tem a mesma importância que um escritor, no Brasil, de tradição escravista, a culinária sempre foi um domínio das classes subalternas" (Mistura..., 1999).

A mesa brasileira é basicamente luso-afro-indígena, mesclada com a influência dos imigrantes europeus e orientais. A comida brasileira misturada é um reflexo da nossa mistura de raças e da característica relacional da sociedade brasileira. À medida que o Brasil foi sendo colonizado, ingredientes, modos e hábitos foram se fundindo. O índio rendeu-se ao gosto do arroz, dos fiambres e do vinho; o colonizador aprendeu a gostar da mandioca e do milho – "*ouro na mesa*", no parecer do rei dom Manoel.

Alguns historiadores, no entanto, criticam a tese de que os portugueses teriam aderido aos costumes coloniais e afirmam que eles se mantiveram fiéis a seus hábitos e costumes europeus, como, por exemplo, a utilização do trigo como base da alimentação. Outros, no entanto, observam que, embora os processos permanecessem diferenciados, ocorreu no Brasil uma interdependência mais acentuada entre nativos e colonizadores. Quando os africanos desembarcaram no país, em meados do século XVI, o cardápio luso-indígena tornou-se mais variado com o uso de novos temperos.

Na formação do povo brasileiro – do ponto de vista da nutrição – a influência mais salutar teria sido a do africano, que tinha um regime alimentar mais equilibrado do que o branco e introduziu muitos vegetais na alimentação. Além disso, os rituais religiosos africanos trouxeram pratos como a farofa de azeite-de-dendê, o vatapá e o cuscuz de milho das oferendas aos orixás para a mesa. No folclore da alimentação tem-se ainda o cuidado, em candomblés e macumbas, com o resguardo dos restos de comidas como armas contra inimigos, ou com o pedaço de pão mastigado para o feitiço amoroso (Freire, 1995; Câmara Cascudo, 1983; Cabral de Mello, 2000).

De modo geral, nos anos de colonização, a comida era simples num mundo de homens, cujas famílias continuavam em Portugal. Historiadores confirmam que a grande mudança na mesa colonial aconteceu com a vinda da família real para o Rio de Janeiro. Cozinheiros portugueses passaram a ensinar escravas a preparar iguarias portuguesas. Imigrantes alemães, italianos, árabes e de outras nacionalidades fizeram culminar o processo de multiculturalismo da comida que caracteriza a mesa brasileira, embora a comida do dia-a-dia seja semelhante de norte a sul (Mistura...1999; Cabral de Mello, 2000).

A *História da Alimentação no Brasil*, de Câmara Cascudo (1983), mostra o problema alimentar do brasileiro ao longo do tempo e a extensão de sua delicadeza, por agir, segundo o autor, sobre um agente milenar, condicionador e poderoso: o paladar. Na sua opinião, a batalha das vitaminas e a esperança do equilíbrio nas proteínas e calorias terão que atender às reações sensíveis e naturais da simpatia popular pelo seu cardápio desajustado, mas apreciado, pois não seria suficiente falar dos significados negativos da alimentação para consumidores apegados a seus pratos preferidos.

As pessoas, segundo o historiador, preservam sua alimentação tradicional porque estão habituadas a ela, porque apreciam seu sabor, porque é a mais barata, acessível ou conveniente. A compreensão da cultura popular dificilmente vai se render a uma imposição legislativa ou a uma pregação teórica, diz ele. Para Câmara Cascudo, todos os educadores sabem que, na formação do jovem, os hábitos de infância são gravação no granito e os posteriores, em gesso.

Interação biologia e cultura

De acordo com Visser (1998), em várias sociedades é comum a diferença entre adultos e crianças ser enfatizada por separações de comida. Alguns tabus são justificados por questões de saúde. Crianças, por exemplo, são proibidas de beber "o que é ruim para elas", embora seja bom para os adultos, como café e chá. Também é comum encontrar "comida de criança", como, por exemplo, o leite, que na maioria das sociedades não é considerado "comida de adulto".

Diferenças sexuais no consumo de alimentos estão acompanhadas de crenças, tabus e prescrições culturais em diferentes eras e sociedades (Delphy, 1979; Odebiyi, 1989; Garine e Koppert, 1990). Quando falam dos padrões de consumo alimentar, Mennell *et al* (1992) destacam o sexo como variável-chave para explicar as bases sociais e culturais, e falam do consumo de leite associado a crianças e mulheres, o que seria negativo para a masculinidade pretendida.

O café durante todo o dia e as bebidas alcoólicas à noite seriam práticas associadas ao sexo masculino. Câmara Cascudo (1983) também faz observação semelhante em relação ao Brasil, quando fala de superstições alimentares. Já diferenças individuais na escolha do alimento podem ser atribuídas a causas biológicas. Alguns estudos mostram que a sensibilidade no consumo de certos alimentos ou componentes pode ser explicada por antecedentes genéticos. Schiffman (1997) e Cowart (1981) indicam que a sensibilidade ao sabor e ao cheiro dos alimentos sofre poucas alterações à medida que as pessoas ficam mais velhas.

Diferenças digestivas e metabólicas entre indivíduos ou grupos étnicos podem ser atribuídas a diferentes práticas culturais. Um exemplo é a intolerância à lactose. Há evidências de que a tolerância à lactose na idade adulta é uma herança cultural. Pessoas de países onde o leite é uma bebida tradicionalmente muito consumida tendem a digerir bem a lactose.

Cultura e biologia parecem interagir, inibindo ou favorecendo a escolha de alimentos. O elo dessa interação é o consumidor, que desenvolve uma série de preferências e atitudes ao longo do tempo. Para alguns autores, a cultura reflete fatores biológicos em alto grau, uma vez que práticas culturais relacionadas à comida têm valor biológico de adaptação.

Sobre a nutrição da família colonial brasileira, dos engenhos e das cidades, Freire (1995) fala sobre a surpreendente má qualidade da dieta brasileira: falta de proteínas de origem animal, de vitaminas, de cálcio, de outros sais minerais e, por outro lado, uma dieta rica em toxinas. Segundo o autor, um brasileiro de boa estirpe rural dificilmente poderia, como o inglês, voltar-se para o longo passado da família na certeza de encontrar dez ou doze gerações de avós bem alimentados por bifes e legumes, leite e ovos, aveia e frutas, que asseguravam a saúde sólida e a robustez física.

Interação cultura e psicologia

O ato de comer tem uma ligação intrínseca e direta com o estado emocional. A comida está intimamente relacionada, desde o nascimento, às experiências emocionais. No ato de comer, é difícil separar o lado fisiológico do psicológico. Para Câmara Cascudo (1983), "o alimento não origina temperamento, placidez ou agressividade, exceto nos ratos brancos dos laboratórios e nos terrariuns experimentais. Na massa humana as reações surgem, inesperadas e fulminantes, mais impulsionadas pelos fatores psicológicos do que obedecendo às soluções encadeadas dos elementos da nutrição" (p.441).

Por que as pessoas comem o que comem? Esta questão tem surgido em estudos de diferentes áreas de conhecimento, com respostas e abordagens diferentes, e muitas vezes conflitantes. Douglas (1997) destaca o fato de as atenções estarem sempre voltadas para o *agribusiness*, embora ninguém possa afirmar que a grande demanda de alimentos esteja associada às necessidades físicas.

Booth (1998) critica algumas ciências que estudam diferentes aspectos dos alimentos e não procuram entender como as pessoas fazem a escolha diária desses alimentos. Segundo ele, essa escolha acontece de forma extremamente natural na vida, o que dificulta o entendimento do processo material e simbólico que o indivíduo vive, processo esse que inclui pensamentos, sentimentos e atividades. Para o autor, o que uma pessoa come está relacionado ao que ela pensa e sente sobre os alimentos disponíveis, ao seu físico e aos significados pessoais e sociais em cada ocasião do ato de comer ou beber. Booth sugere que a indústria de alimentos e a área de saúde apliquem mais conhecimentos de psicologia para compreender preferências alimentares.

Quando se procura entender o papel dos alimentos na vida das pessoas, percebe-se que a comida não é apenas uma fonte de nutrientes para a sobrevivência, mas também uma fonte de gratificações emocionais e um meio de expressar os valores e as relações sociais.

De acordo com Ackerman (1992), a comida é uma grande fonte de prazer, um mundo complexo de satisfação tanto fisiológica quanto emocional que guarda boa parte das lembranças de nossa infância. Rozin *et al* (1986) atribuem a falta de conhecimento sobre a origem das preferências, dos gostos e da atitude das pessoas em relação aos alimentos ao fato de a psicologia – a ciência apropriada para estudar tal questão – ter se preocupado em entender o que determina a quantidade de alimentos que se come, e não o que se come ou como se seleciona o que se come.

Os estudos na área de psicologia de alimentos têm tradicionalmente enfocado a aceitação e a rejeição de alimentos. Os pesquisadores parecem concordar que é difícil separar as dimensões sociais e culturais da escolha de um alimento das dimensões psicológicas ou mesmo biológicas.

Segundo Rozin *et al*, existem, no entanto, abordagens menos tradicionais para estudar os hábitos de consumo de alimentos. Em vez de se perguntar, por exemplo, "como Fred passou a rejeitar fígado?" ou " será que Fred ficou doente depois que comeu fígado quando era criança?", pergunta-se: "Será que Fred rejeita fígado por causa do seu cheiro e de sua aparência ou porque não faz bem a seu colesterol ou ainda porque não gosta de carnes deste tipo?"

Muitos aspectos podem ser destacados para melhor compreensão do que se pode chamar de psicologia da escolha do alimento. Este estudo opta por comentar apenas a primeira etapa do modelo psicológico do comportamento do consumidor: a motivação, que é o impulso para a ação.

Para conhecer as bases dos motivos que levam as pessoas a aceitar ou não determinados alimentos, segundo Rozin *et al*, é preciso diferenciar três termos. Um deles é o *uso* de um alimento, que se relaciona a "o que" ou "quanto" é consumido. Outro é a *preferência,* que se refere à situação de escolha. Exemplificando: o consumidor pode preferir carne mas comer mais pão por razões como preço e praticidade no preparo. *Gosto,* o terceiro termo, relaciona-se a uma resposta afetiva, sendo um determinante da *preferência,* ou seja, pode-se preferir comer verduras e gostar mais de doces.

Se o ambiente onde vivem os consumidores fosse estável e não passasse por mudanças, poderíamos imaginar que comemos o que preferimos e preferimos o que gostamos. No entanto, sabe-se que a disponibilidade de alimentos, o preço, a conveniência e vários outros fatores culturais e sociais modificam essa suposição. No trabalho de Krondl e Lau (1986), pode ser constatada a associação do alimento com a saúde como importante atributo para *uso* e *preferência,* e a pouca relação do atributo saúde com o "gostar".

Médicos e cientistas começam a unir não apenas a saúde ao alimento, mas ambos a aspectos psicológicos, emocionais e espirituais para se alcançar o bem-estar físico (Ornish, 1998; Kesten, 1997; Williams e Williams, 1997).

Atualmente há, mais do que nunca, evidência científica de que uma simples mudança na dieta alimentar e no estilo de vida pode trazer grande melhoria para a saúde e o bem-estar, e essa era a proposta de Ornish (1983, 1993). No entanto, este médico e cientista, sem querer minimizar o poder da dieta, do exercício físico, dos medicamentos ou da cirurgia, observa que a intervenção mais poderosa é o poder curativo do amor, da intimidade e da transformação emocional que eles ocasionam, fatores em geral ignorados pela medicina (Ornish, 1998).

O autor assinala que a medicina atual tende a se concentrar, em primeiro lugar, no físico e no mecânico: medicamentos e cirurgia, genes e germes, micróbios e moléculas. Ornish chama a atenção, no entanto, para o que não pode ser verificável e cita como exemplo a indicação de tomar comprimidos para reduzir o colesterol sem cuidar de mudanças na dieta, no estilo de vida, e das dimensões psicológicas e emocionais que representam oportunidades não apenas de modificar fatores de risco, mas, principalmente, de tornar a vida mais prazerosa.

A idéia central de Ornish é de que "qualquer coisa que contribui para a sensação de isolamento ou solidão quase sempre leva a doença ou sofrimento. Qualquer coisa que contribui para o amor e a intimidade, a conexão e a comunidade, é curativa" (p.22), e a cultura atual tem agravado o isolamento.

De acordo com o autor, é difícil motivar pessoas para mudanças mais simples de comportamento, como deixar de fumar, mudar a dieta alimentar, fazer exercício ou até mesmo tomar um medicamento, pois a cultura atual forneceria muitos meios de evitar a dor emocional, temporariamente: algumas pessoas fumam, outras comem demais, usam drogas e álcool, vêem TV ou navegam na internet o dia todo, ou trabalham demais. São todos exemplos de vícios.

A forma com que os adultos ensinam as crianças a comer, por exemplo, desempenha importante papel na produção e reprodução de certa moral em relação aos alimentos (Mead, 1980). James (1990) lembra que as crianças são recompensadas por comerem o que faz bem, como carnes e vegetais, por meio do que faz mal, como doces e guloseimas. A "comida do mal" – guloseimas – não será dada se a "comida do bem" não for ingerida. Ironicamente, essas práticas nos dizem que os alimentos que não são bons para a saúde são os mais prazerosos.

Outro exemplo, citado por Bell e Valentine (1997), são as práticas dos pais para manter ou alcançar o físico desejável, que nem sempre coincidem com as regras estabelecidas para as crianças ou os adolescentes em relação às suas dietas alimentares: "Faça o que eu digo, mas não faça o que eu faço." Segundo os autores, os adultos, em geral, têm licença para comer o que querem e como querem. A decisão sobre os alimentos é mais uma forma que os pais possuem de exercer poder, embora os filhos sempre encontrem maneiras de resistir a essas regras quando comem fora de casa, ou quando comem barras de chocolate em seus quartos. Para Beardsworth e Keil (1997), a idade sempre representou uma separação entre comida de adulto e comida de criança.

CAPÍTULO 3

ADOÇÃO, RISCOS E SAÚDE

Inovação e adoção

Na definição de Rogers (1995), inovação é *uma idéia, objeto ou prática percebida como nova pelo indivíduo ou outra unidade de adoção*. Mesmo que a idéia não seja objetivamente nova, basta parecer nova para ser considerada uma inovação. A novidade não precisa envolver um novo conhecimento, pois alguém pode ter conhecido a inovação há muito tempo mas não ter desenvolvido uma atitude favorável ou desfavorável em relação a ela, ou seja, não a ter adotado nem rejeitado.

De acordo com Kotler (2000), *adoção é a decisão de uma pessoa de se tornar um usuário regular de um produto*. Para o autor, dentro da perspectiva de comportamento do consumidor, o processo de adoção é seguido pelo processo de fidelização do consumidor, que é sempre uma grande preocupação para as empresas. Segundo Solomon (1994), uma inovação apresenta a um indivíduo ou organização uma nova alternativa ou alternativas para resolver um problema.

Para ser difundida, a inovação é comunicada por meio de certos canais, através do tempo, entre os membros de um sistema social. A comunicação é um processo em que os participantes criam e compartilham informações, de forma a alcançar uma compreensão mútua. Nesta definição, comunicação é um processo em que dois ou mais indivíduos trocam informações de forma a chegar aos significados que serão dados aos eventos. A comunicação é pensada como um processo de mão dupla, e não como um processo de mão única e linear, no qual um indivíduo procura transferir uma mensagem para o outro de forma a alcançar certos efeitos.

A difusão inclui tanto a propagação espontânea de novas idéias quanto a planejada. Para Rogers (1995), a difusão de inovações é essencialmente um processo social no qual é comunicada a informação percebida subjetivamente sobre a nova idéia, envolvendo trocas interpessoais. A novidade da inovação e a incerteza a ela associada são características que distinguem a tomada de decisão em relação à inovação de outros tipos de tomada de decisão. O autor considera que a probabilidade de novas alternativas serem superiores às existentes anteriormente não é conhecida dos indivíduos que querem resolver seus problemas a partir de inovações.

O processo de decisão da adoção ou rejeição da inovação passa por várias etapas. A primeira delas é a etapa do *conhecimento*, quando o indivíduo ganha algum conhecimento – geral através da mídia de massa – sobre a inovação e seu funcionamento. Começa, assim, a diminuir sua incerteza em relação à decisão. Numa segunda etapa, a *persuasão* levará à formação de uma atitude favorável ou desfavorável à inovação. O indivíduo procura informações que avaliem a inovação, em termos de vantagens e desvantagens, e que reduzam a incerteza de suas conseqüências, através, principalmente, de inter-relações pessoais. A terceira etapa é a *decisão* de usar ou rejeitar a inovação. A rejeição também pode acontecer mais tarde, com a decisão de descontinuar o uso. Seguem-se a *implementação*, ou seja, o uso propriamente dito, e a *confirmação*, que é a procura de reforço para o uso da inovação.

Kotler (2000) apresenta cinco etapas no processo de adoção de novos produtos pelos consumidores, que se inicia com uma reação mental até chegar à adoção. Na etapa da *conscientização*, o consumidor toma conhecimento da inovação mas lhe faltam informações a respeito. Na etapa do *interesse*, o consumidor é estimulado a procurar informações sobre a inovação. Na *avaliação*, ele considera se experimentará a inovação. Na *experimentação*, avalia melhor o valor da inovação. Finalmente, na *adoção*, ele resolve fazer uso regular da inovação.

Quando falam do lançamento de um novo produto, Schiffman e Kanuk (1997) definem quatro orientações: lançamento do novo produto *orientado para a empresa*, para o *produto/serviço*, para o *mercado* e para o *consumidor*. Embora os autores considerem as três abordagens – *empresa*, *produto* e *mercado* – úteis para pesquisas de comportamento de consumo relacionadas ao estudo da difusão da inovação, eles parecem preferir a orientação para o consumidor, segundo a qual um novo produto é qualquer produto que um consumidor potencial julga novo, ou seja, a novidade é baseada, principalmente, na percepção do consumidor em relação ao produto, e não em características físicas ou do mercado. O processo de decisão consiste, portanto, de uma série de ações e da escolha, durante um período de tempo, através das quais o indivíduo (ou a organização) avalia a nova idéia e decide se vai incorporá-la ou não à sua prática cotidiana.

Adoção, riscos e saúde

O homem pode ser classificado, em termos biológicos e comportamentais, de onívoro, pois obtém os nutrientes de que necessita para sobreviver tanto de animais quanto de vegetais, e não tem características que o identifiquem como apenas herbívoro ou carnívoro.

Beardsworth e Keil (1997) observam que, em termos nutricionais, é grande a versatilidade de fontes e maneiras que o ser humano tem para obter os nutrientes de que seu corpo necessita. Essa versatilidade nutricional, que provavelmente não pode ser encontrada em outra espécie, foi importante na evolução da espécie humana, embora a condição de onívoro envolva não só vantagens, como também riscos. Os autores chamam de paradoxo onívoro a tensão entre neofilia, que move o homem para a procura de novos itens alimentares, e neofobia, que é o medo de novos itens alimentares.

Py e Jaques (1998) falam da mudança do homem de um apelo vital – que era apenas instintivo – para a camada mais nobre de sua estrutura mental, quando ele descobre o conjunto de fatores que possibilitam o descobrimento da saúde. Sendo a saúde fator primordial da vida, os autores sugerem que o homem tem, em diferentes graus, necessidade de conhecer o que é bom e o que é mau para ele.

A modernidade é um projeto de poder e controle sobre as coisas que começa com um processo de definições – através da razão e da aplicação de tecnologias – para o controle e mudanças de um determinado fenômeno. Um exemplo é a tecnologia aplicada ao controle de doenças para que se tenha saúde. Lupton (1999) chama atenção para o foco na responsabilidade pessoal pela saúde que emergiu como uma estratégia governamental, a partir do século XVIII, e que torna a saúde "a obrigação de cada um e o objetivo de todos". A unidade familiar torna-se importante elemento de disciplina relativa à saúde e agente constante de medicação.

No pós-moderno, no entanto, parece ocorrer a substituição da responsabilidade do ato de alguém pela responsabilidade de outros. Em relação a saúde e doença, a responsabilidade de outros sugere mudanças no tipo de respostas tanto do lado biomédico quanto do lado biopsicossocial da noção de saúde. Transformações estão envolvidas na noção de saúde, que deixa de ser uma noção estática sobre o ser humano. A saúde passa a ser vista como um processo, e não como um estado e, como um processo de transformação, dissolve a oposição saúde/doença, oferecendo em seu lugar um fluxo e uma multiplicação de significados. Para Fox (1999), a saúde passa a ser vista como um comportamento ativo de tomada de decisões pelas pessoas engajadas com seus corpos, com as funções de seus corpos e com o esforço dos médicos para normalizar essas funções. A alimentação ganha, assim, um lugar de destaque ainda maior em sua relação com a saúde.

Fox (1999) observa que na construção da natureza da "saúde" há muita subjetividade, pois as definições se baseiam em meias-verdades construídas a partir de concepções sobre o que é o ser humano, ou o que é ter um corpo, ou ser parte de uma comunidade, etc. Aí entra a escolha, não como algo individualista, mas como um ato racional, levando a um modelo de ação voluntário. A escolha pode ser exercida, por exemplo, negativamente, como um ato de recusa ou resistência, ou positivamente, como uma afirmação.

Escolhas podem ser temperamentais, inconscientes, coletivas, em oposição ao racional ou individuais. Mas, ainda na avaliação de Fox, as escolhas, quando associadas à saúde, são processuais e estão mais próximas de um "tornar-se" do que de um "estado de ser". Riscos como com saúde são conceitos que contribuem para compreender como a vida moderna é pensada. Esses conceitos estão ligados aos valores de uma cultura e às responsabilidades e direitos dos membros dessa cultura. Riscos – e particularmente riscos com a saúde – estão intimamente ligados a escolhas, como, por exemplo, escolhas alimentares.

Beardsworth e Keil (1997), no entanto, não analisam os onívoros do ponto de vista da saúde, ou da escolha do que faz bem e do que faz mal, mas observam que onívoros procuram equilíbrio entre curiosidade e precaução, ou atração e repulsa. Para os autores, este parece ser um dos maiores conflitos desde o início da formação dos padrões alimentares do homem. A ambivalência existente no ato de comer tem mais dimensões que a tensão básica entre neofilia e neofobia. A questão parece ser bem mais complexa, pois comer, conforme análises em várias ciências, não é apenas uma atividade para obter nutrientes, como envolve uma série de influências culturais, sociais, econômicas, psicológicas e históricas.

Estudando o comportamento dos vegetarianos, Beardsworth e Keil (1997) identificaram três paradoxos que geram ambivalência no consumo de alimentos. Cada paradoxo consiste em oposições entre valores positivos e negativos relacionados aos alimentos (ver quadro 1).

QUADRO 1
A NATUREZA PARADOXAL DOS ALIMENTOS

POSITIVO	NEGATIVO
1 - Os alimentos possibilitam prazer gustativo, saciedade etc.	Os alimentos podem produzir desprazer gustativo, dispepsia, náusea, vômito.
2 - Os alimentos são requeridos para vigor, energia, saúde.	Os alimentos podem causar doenças.
3 - Os alimentos são requeridos para continuação da vida.	Os alimentos representam a morte dos organismos consumidos.

Fonte: Beardsworth e Keil (1992)

Como administrar as ansiedades geradas pelos paradoxos alimentares? Para Beardsworth e Keil (1997), este processo não se daria apenas no nível individual, pois são as esferas culturais e sociais que produzem uma sensação de confiança em relação aos alimentos consumidos. Existem maneiras tradicionais de enfrentar a ambivalência e a ansiedade em relação aos alimentos. Uma forma de neutralizar as ansiedades associadas ao paradoxo 1 (prazer/desprazer) poderia ser a estabilidade no longo prazo do total dos itens definidos como alimentos apropriados aos seres humanos. As mudanças desses itens são graduais, pois as regras estabelecidas através do tempo são importantes para sustentar a familiaridade e a confiança dos consumidores.

Para Fischler (1988), essa estabilidade dos hábitos alimentares tem se modificado a partir da intensificação e industrialização da produção, do processamento de alimentos e da globalização do estoque de alimentos. Com o aumento do poder aquisitivo em economias ocidentais, os padrões alimentares libertaram-se de limitações tradicionáis, como localização e sazonalidade, que, na verdade, geram a sensação de familiaridade e um ciclo ou ritmo anual na agricultura.

A produção e o processamento dos alimentos passaram a envolver técnicas sobre as quais os consumidores, em geral, têm apenas uma vaga idéia do que sejam, ou não têm a menor idéia. Logo, muitos alimentos comprados têm formas e ingredientes desconhecidos, que podem levar a uma perda de confiança do consumidor. Este efeito é ainda ampliado a partir das modernas técnicas de manufatura de alimentos, que incluem o uso de substâncias e sabores sintetizados que imitam os naturais e fazem consumidores desconfiar das mensagens sensoriais enviadas pelos alimentos. Outro aspecto da redução da confiança nos alimentos, lembrado por Gofton (1986), relaciona-se à experiência de comer, considerando-se o crescimento da participação da mulher no mercado de trabalho e a conseqüente mudança dos seus papéis sociais.

Beardsworth e Keil (1997) apontam outras formas do moderno capitalismo que aparentemente contribuem para diminuir a confiança dos consumidores nas bases nutricionais tradicionais, como a ênfase na procura de novas experiências de consumo – o que seria a antítese de tentar manter a estabilidade dos padrões de alimentação no tempo. Essa busca de novidades é estimulada pela mídia em diferentes formas de comunicação, sendo a mais explícita delas as propagandas de alimentos. Mesmo os sabores característicos de regiões, que identificavam determinada cozinha, gerando a confiança e a familiaridade do consumidor, tornam-se *commodities* numa espécie de meta-menu, em que consumidores com um certo poder aquisitivo podem selecionar o que quiserem.

Warde (1994) analisa a diminuição da confiança ou o risco percebidos nos alimentos a partir do que considera as três principais forças competitivas do sistema alimentar moderno. A primeira delas é construída a partir dos discursos de nutricionistas e de governos sobre o que seja uma dieta saudável. A segunda consiste nas práticas alimentares e crenças originadas da cultura culinária tradicional, e que sobrevivem às modernas sociedades. A

63

terceira seria a característica principal dos padrões de consumo das sociedades atuais: o sabor de novidade, que pode ser visto como uma manifestação exagerada de uma neofilia nutricional. Cada uma dessas forças exerceria grande influência na atitude e na prática dos consumidores. As contradições entre elas são vistas como um reforço para incertezas associadas ao consumo de alimentos.

As considerações feitas até aqui têm como objetivo refletir sobre a confiança e as incertezas dos consumidores em relação aos alimentos, ou seja, são analisados conflitos, riscos e paradoxos no consumo de alimentos. Para compreender o aumento dos conflitos ou dos riscos percebidos pelos consumidores, Fischler (1988) lembra a importância da sensação de familiaridade, Warde (1994) apresenta forças conflitantes e Beardsworth e Keil (1997) refere-se à estabilidade dos itens definidos como apropriados aos seres humanos.

Adoção, riscos e saúde: uma perspectiva técnico-científica

A perspectiva técnico-científica tem origem em disciplinas como engenharia, psicologia, economia, finanças, medicina e epidemiologia, nas quais o risco é abordado como um fenômeno objetivo, sem questionamentos. O foco das pesquisas nessas áreas é a identificação do risco, o mapeamento de suas causas, a construção de modelos de previsão que envolvem a relação entre risco e respostas aos vários tipos de risco e propostas de formas que limitem os efeitos do risco. Esses estudos adotam uma abordagem racional do risco, também chamada de abordagem realista, segundo a qual a medida e o cálculo científico são os mais apropriados procedimentos em relação ao risco (Lupton, 1999).

A pesquisa sobre percepção de risco associada ao comportamento do consumidor tem recebido a atenção de pesquisadores desde a década de 60 (Michell, 1999). Na opinião de Horton (1976), percepção de risco é uma das poucas áreas do comportamento do consumidor em que pode ser encontrada uma tradição de pesquisa. O tema tem sido explorado em diferentes áreas de estudos mas, para Mitchell (1999), os estudos que focalizam riscos, incertezas e percepção de risco no comportamento de consumo estão inseridos, predominantemente, na perspectiva técnico-científica do risco, com poucas exceções para referências críticas a esse tipo de abordagem ou que defendam outro caminho.

A ligação entre a percepção de risco e o processo de adoção pode ser reforçada pela descrição que Rogers (1995) faz das cinco características que influenciam a taxa de adoção de um novo produto. Todas as características podem ser associadas à redução da percepção de risco pelo consumidor:

- A superioridade que a inovação representa, se comparada a outros produtos já existentes, reduzirá o risco percebido pelo consumidor.

- A compatibilidade da inovação, ou seja, como ela vai ao encontro de valores e experiências dos indivíduos da comunidade, reduzirá o risco psicológico e social da compra.

- O grau de dificuldade para entender ou usar a inovação – sua complexidade – está diretamente associado à percepção de risco.

- A quantidade de testes com o produto é uma das importantes maneiras de reduzir o risco numa situação de compra.

- A comunicação da inovação, isto é, o grau em que os resultados do seu uso podem ser observados – ou mesmo desejados – por outros pode ajudar a diminuir os riscos envolvidos na compra.

Para Mitchell e Boustani (1993), as empresas devem observar que o risco está presente quando lançam um produto já existente para um novo segmento de mercado, quando lançam um novo produto para um segmento já existente e quando lançam um novo produto para um novo segmento. Os autores analisam riscos e problemas envolvidos no desenvolvimento do mercado de cereais para serem consumidos no café da manhã. Em um estudo empírico, procuram mostrar como o conhecimento do risco percebido pelos consumidores pode auxiliar a reduzir o risco de fracasso de um novo produto ou aumentar a demanda por não usuários daquele produto.

Michell e Boustani (1993) consideram as diferenças entre percepção e redução de riscos entre adotantes e não adotantes, compradores e não compradores. Sugerem como hipótese de seu estudo que os compradores perceberão menos risco do que os não compradores, por terem mais experiência. São analisados dez tipos de risco e 16 estratégias de redução de risco identificados na literatura e na realização de grupos de discussão. Eles são diferenciados entre compradores e não compradores de cereais matinais.

Os riscos percebidos listados são: sabor do cereal matinal, valor nutricional, produto escolhido por família/amigos, *design*/ estilo/ilustração da embalagem, produto consumido por pessoas admiradas/respeitadas, comprar o cereal que oferece melhor custo/benefício, qualidade do cereal, fácil e rápido no preparo, o mais barato. As 16 estratégias de redução de risco são: descrição na embalagem, informações não viesadas sobre o produto, imagem boa da loja, escolha de marca conhecida, escolha de marca barata, escutar opinião do vendedor, escolher a marca mais cara, usar recomendação de família/amigos, reputação da empresa, ofertas especiais, tamanhos alternativos, propaganda, garantia de dinheiro de volta, amostra grátis, localização na loja e endosso.

Entre as razões que levam pessoas a não consumir cereais matinais estão, em primeiro lugar, o sabor (45% não gostam do sabor); em segundo, o fato de não fazerem a primeira refeição (18% não tomam café da manhã) e, em terceiro lugar, duas razões: falta de tempo (9%) e não gostar de leite (9%). Outros motivos assinalados são: nunca experimentei cereais, vontade de perder peso e produto muito caro.

Entre as razões que levam ao consumo de cereais matinais, a principal é a mesma que leva a não consumir: sabor (35%). Em seguida, aparecem a conveniência (28%) e a saúde (18%). Em relação à saúde (risco físico), por exemplo, são citadas na pesquisa as preocupações com os cereais que estariam "cada vez mais doces" e com "reações alérgicas aos ingredientes".

Quanto ao risco e à redução do risco na compra de um novo cereal, os resultados mostram que a grande maioria dos consumidores nunca está certa de que uma marca de cereais que nunca experimentou será tão boa quanto a que normalmente usa. Essa falta de segurança, de acordo com Michell e Boustani (1993), indica que existe um significativo risco envolvido na compra de um novo cereal para o café da manhã, o que leva os fabricantes neste mercado maduro a se preocuparem com estratégias para a redução do risco. Mesmo que o setor tivesse uma alta taxa de introdução de novos produtos, Michell e Boustani (1993) mostram que a maioria dos respondentes (48%) nunca muda o tipo/variedade do cereal matinal e 23% mudam apenas uma vez por mês. Estes resultados indicam um alto grau de lealdade à marca, que pode representar uma barreira para novos produtos neste mercado.

Sobre a questão da lealdade à marca, Michell e Boustani (1993) assinalam a importância de compreender, através de pesquisas, com que freqüência os consumidores mudam de marca e sua predisposição para experimentar um novo produto. Para os autores, se a maioria dos consumidores fosse leal à marca, o risco de um novo produto fracassar seria maior, ao mesmo tempo que as atitudes, em geral, em relação ao risco seriam determinantes quanto à lealdade à marca do consumidor. Duas importantes questões sugeridas seriam, então, "Quão leais são os consumidores?" e "Quão dispostos estão para experimentar novos produtos?". Desta forma, para Michell e Boustani, uma importante estratégia para reduzir a percepção de risco é o desenvolvimento de uma boa imagem de marca, que também funciona como uma barreira para novos produtos.

O estudo de Dunn *et al* (1986) concentra-se no risco assumido que ocorre no nível da escolha da marca, ou seja, no nível da demanda seletiva. O estudo examina a relação entre o risco percebido e diferentes marcas de produtos vendidos em supermercados – marcas genéricas, próprias e nacionais. Os autores procuram entender se existiam diferenças no risco percebido entre as diferentes marcas e se havia diferença de perfil de risco percebido entre os consumidores que preferiam as diferentes marcas. Eles selecionam quatro itens para representar os produtos de supermercados: detergente de máquina, sorvete, amaciante e banha vegetal. A preferência pelas marcas é determinada num exercício de simulação de compras.

No estudo de Michell e Boustani (1993), os não compradores parecem ser ligeiramente mais sensíveis ao risco do que os compradores. Não compradores consideram *design/estilo/ilustrações na embalagem, comprar o cereal que representa o melhor custo/benefício, fácil e rápido de preparar* e *baixo preço* fatores mais importantes do que os compradores, o que mostra que o risco financeiro parece ser mais importante para esse grupo. Para os compradores, os fatores que aparecem como mais importantes do que para não compradores são *sentir-se bem em relação à compra do produto* – o que só pode acontecer realmente com quem compra – e *valor nutricional,* o que pode ser explicado em parte pelo fato de eles terem mais informações sobre o produto e porque, na maioria dos casos, os cereais são para toda a família e o valor nutricional é uma obrigação familiar.

Cabe observar, no entanto, o *ranking* dos riscos percebidos por ambos os grupos. O sa*bor,* o *valor nutricional* e a *qualidade do cereal* são os fatores mais importantes para os dois grupos. O *design/estilo/ilustrações das embalagens* e a *compra da marca por pessoas que você admira e respeita* são os dois fatores menos importantes para ambos.

Adoção, riscos e saúde: uma perspectiva sociocultural

Na teoria social e cultural recente, um dos debates mais intensos é o que aborda o fenômeno do risco e o papel por ele desempenhado na vida social contemporânea (Lupton, 1999). No início dos anos 80, uma nova perspectiva de análise de risco – a perspectiva sociocultural – surge em confronto à perspectiva técnico-científica, até então dominante em várias áreas de pesquisa.

Para Lupton (1999), as três abordagens socioculturais – denominadas respectivamente *cultural/simbólica, sociedade do risco* e *mentalidade do governo* – guardam várias similaridades e concordâncias entre elas, como, por exemplo, o contraste e oposição com a abordagem técnico-científica do risco. As três perspectivas consideram os contextos sociais, culturais e históricos na construção do significado e na propagação do risco, ou seja, o risco é compreendido como um fenômeno sociocultural. Dentro desta abordagem, o risco não pode ser aceito como um fato não problemático, que possa ser isolado do seu contexto social, cultural e histórico.

Os teóricos da *sociedade do risco* têm o foco de sua análise, principalmente, em fatores macroestruturais que auxiliam sua visão da intensificação da preocupação com o risco nas sociedades ocidentais. O argumento central desta abordagem é o aumento da magnitude dos riscos produzidos e a sua globalização no final da modernidade. Desta forma, aumentaram as dificuldades para calcular, gerenciar e evitar riscos.

Alimentos geneticamente modificados parecem ter-se tornado uma grande preocupação de cientistas, responsáveis por políticas de saúde, organismos de proteção ao consumidor e consumidores. A *revolução dos alimentos* é uma associação comum quando se fala dos alimentos transgênicos, ou geneticamente modificados. Esses alimentos estão sendo adotados ao mesmo tempo que estão sendo criticados. Se, por um lado, os transgênicos, ou alimentos que possuem transgênicos em sua composição, parecem se inserir com facilidade nos hábitos alimentares urbanos, por outro lado sofrem pressões de vários segmentos da sociedade, de consumidores a cientistas, passando, com certeza, pela mídia de massa. A seguir, uma abordagem dos alimentos transgênicos dentro de uma perspectiva sociocultural do risco.

De acordo com Teitel e Wilson (1999), a engenharia genética dos alimentos é a transformação mais radical na dieta do homem desde a invenção da agricultura, há dez mil anos. Em torno dos alimentos transgênicos há discussões complexas e cheias de controvérsias. Na visão de Nader (1999), observa-se, de um lado, uma desinformação generalizada, que afetaria bilhões de pessoas, e, de outro, empresas usando seu poder político contra a rotulagem de alimentos geneticamente modificados, ou seja, impedindo consumidores de conhecer e escolher o que comem.

Plantas transgênicas são manipuladas em laboratórios para receberem genes de bactérias, fungos ou mesmo de outras plantas que lhes conferem resistência a pragas e doenças (Rifkin, 1999). Na Europa, são chamados de alimentos GMO. Nos Estados Unidos, de *genfood*. São poucas as informações disponíveis e pesquisas científicas já realizadas que possam confirmar ou não suspeitas relativas aos alimentos geneticamente modificados de forma séria e definitiva.

Três aspectos distinguem esse novo tipo de alimento. O primeiro deles são as alterações genéticas que não poderiam ocorrer de forma natural. Genes de plantas, animais, vírus e bactérias são combinados de maneiras diferentes. O segundo aspecto refere-se a sua propriedade, ou seja, inúmeras variedades de plantas pertencem a empresas. O terceiro aspecto de diferenciação é a globalização desta nova tecnologia, o que significa que a agricultura local, que se foi adaptando há centenas de anos aos gostos e à ecologia, precisa se ajustar a acordos e leis. Na Europa, onde é maior a rejeição aos alimentos transgênicos, os três argumentos principais são: a manipulação genética é antinatural e, por isso, danosa; a comida para a qual esses alimentos servem de matéria-prima oferece riscos à saúde; e os transgênicos são prejudiciais ao meio ambiente.

Para Rifkin (1999), as novas tecnologias de combinação de genes remetem aos anseios mais profundos dos consumidores quando prometem um melhor modo de viver. O autor observa que apenas alguns produtos e serviços originados destas novas tecnologias cumprirão essa promessa, embora admita que há valor nos produtos da engenharia genética. Rifkin levanta uma série de questões sobre a influência da nova tecnologia na história da ciência:

Ao reprogramar o código genético não estaríamos arriscando uma interrupção em milhões de anos de evolução? A criação artificial não poderia significar o fim da vida natural? Seria a poluição genética pior para a Terra que a poluição nuclear ou petroquímica (p.XVII).

Ele chama atenção para a necessidade de monitorar a engenharia genética de modo a minimizar riscos para gerações futuras e afirma que, mesmo que a perspectiva seja de grandes avanços e de um futuro de esperanças, cada passo na direção desse mundo maravilhoso deve ser acompanhado da pergunta: a que preço?

Os transgênicos estão sendo introduzidos de forma silenciosa em pontos de venda onde os consumidores adquirem seus alimentos sem terem a chance de escolha, já que a informação sobre a origem não está nos rótulos. Ao mesmo tempo que famílias já consomem esse tipo de alimento, cientistas estão apenas começando a realizar testes para aprender sobre a segurança ou os riscos relacionados a seu consumo. Esta é a crítica central de Teitel e Wilson (1999). De acordo com os autores, os resultados dos primeiros testes não são animadores, por mostrarem, por exemplo, o surgimento de problemas alérgicos relacionados a genes introduzidos em produtos derivados da soja e a suspeita de problemas de saúde em gado alimentado por hormônios geneticamente modificados, bem como em consumidores do leite de vacas que receberam ração geneticamente modificada. Quem decide que esses são riscos aceitáveis?

Mesmo que estejam preocupados com os transgênicos, os consumidores não podem ver genes e não são capazes de identificar o que é novo ou o que pode ser perigoso apenas olhando os alimentos que consomem. A genética e a engenharia genética acontecem dentro de uma realidade microscópica. Muitos especialistas nesta nova tecnologia têm um envolvimento pessoal ou profissional com grupos empresariais e, por isso, consumidores deveriam ser cuidadosos em relação à procedência das informações sobre o assunto.

Incertezas estão associadas à engenharia genética. Normalmente, as fronteiras entre as espécies são fornecidas pela natureza e, até recentemente, essas barreiras biológicas não haviam sido transpostas. A engenharia genética ultrapassou esses limites e os resultados são imprevisíveis. É seguro consumir transgênicos? A informação disponível, de acordo com Teitel e Wilson (1999), não é suficiente para responder a essa pergunta, embora algumas pesquisas evidenciem que os consumidores devem se preocupar com os alimentos geneticamente modificados e com as informações sobre eles, devido a riscos envolvidos.

Rifkin (1999) apresenta também o outro lado dos transgênicos, o lado "do bem". A engenharia genética está desenvolvendo alimentos medicinais ou funcionais que são modificados de forma a conter mais vitaminas e minerais, como, por exemplo, óleos com mais betacaroteno, que aumentam o nível de vitamina A, batatas que absorvem menos óleo quando são fritas, alhos que ajudam a baixar o colesterol e arroz com mais proteína. Teitel e Wilson (1999) parecem não concordar com a visão "do bem" quando dizem que os alimentos geneticamente modificados não trazem vantagens para os consumidores: não possuem melhor aparência e gosto, não custam menos e não são mais nutritivos.

Os transgênicos provocam discussões e polêmicas, que têm dividido espaço na mídia e nas mentes preocupadas de estudiosos, governantes e consumidores com episódios ou escândalos de contaminação de alimentos. James (1998) faz uma breve retrospectiva de problemas de segurança com alimentos na Inglaterra. Nos anos 70, assistiu-se a uma campanha contra o uso de aditivos e colorantes. No início dos anos 80, os consumidores ingleses tomaram consciência de que seus hábitos alimentares contribuíam para ataques cardíacos e doenças, como diversos tipos de câncer. Ao mesmo tempo, compreenderam como as indústrias podiam alterar os alimentos processados, mudando, inclusive, sua natureza. Naquela época, os rótulos passaram a trazer informações mais detalhadas e complexas sobre os produtos. Em seguida, vieram incidentes com alimentos contaminados com irradiação, a possibilidade de contrair a doença da salmonela através do consumo de ovos e preocupações relacionadas à presença de metais pesados nos peixes.

Os conflitos causados pela erosão das formas tradicionais de sustentar a confiança nos alimentos, pelo desenvolvimento da engenharia genética e pelas contaminações imprevistas podem estar aumentando não só as ansiedades em relação ao consumo de alimentos no contexto dos três paradoxos de Beardsworth e Keil (1997), como também os riscos e as incertezas percebidos pelos consumidores. Para Zeldin (1996, p.21), "a originalidade do nosso tempo está em que a atenção se desvia do conflito para a informação, pois a nova ambição é evitar desastres, doença e crimes".

PARTE 2

COMPORTAMENTO: O RELATO DAS MULHERES ENTREVISTADAS

CAPÍTULO 4

DA ROTINA À COMEMORAÇÃO

A comida do dia-a-dia: hábitos, preferências e combinações

A análise da comida do dia-a-dia, definida pelas 29 mulheres entrevistadas neste estudo sobre as refeições básicas das famílias, não deixa dúvidas de que todas são brasileiras. Como disse uma delas, *a gente é o que a gente come*. Mesmo com os perfis diferenciados da amostra, a cultura do "feijão com arroz" mostra-se presente de maneira marcante em todos os lares. O "feijão com arroz" está não só nas refeições descritas – no almoço, no jantar ou, quase sempre, em ambos – como entre os alimentos preferidos da família, e que não podem faltar na despensa.

Não pode faltar arroz, feijão e carne. O principal mesmo é arroz e feijão, porque sem carne a gente dá um jeito, frita um ovo, faz uma verdurinha. (Angela, 42, C)

O "feijão com arroz" parece ser mesmo o sabor básico, o consenso familiar, a comodidade, o preço, a regularidade. Interessante pensar que essas são também as principais características de um *fast-food* como o McDonald's, considerado um sucesso universal e que não se identifica com o espaço doméstico. A imagem de rapidez e praticidade do "feijão com arroz" é lembrada por Cecília (34, B2):

Na minha casa? As coisas devem ser bem práticas, porque eu trabalho e meu marido também. Não posso fazer nada complicado. Arroz, feijão, bife, salada, coisas assim, bem práticas mesmo, que não dêem trabalho.

Se o assunto é a casa do brasileiro, sua intimidade, familiaridade e o sentido de permanência, o "feijão com arroz" parece representar um apego a uma identidade cultural que se foi formando ao longo do tempo, mesmo com a tendência de homogeneização da alimentação do mundo, apontada por vários estudiosos (Mennell et al, 1992, Bell e Valentine, 1997 e Beardswoth e Keil, 1997).

Se o McDonald's busca atrair famílias inteiras, e não apenas adolescentes que, sabe-se, são apaixonados pela "evento", seu sabor e seus significados, assim também parece ser o "feijão com arroz", introduzido em geral na infância, mas que gera a paixão de adolescentes e maridos na comida do dia-a-dia, como narram as entrevistadas:

Meu filho não come sem feijão, e tem que ser preto. (Vilma, 41, C)

Na minha casa tem que ter feijão de segunda-feira a domingo. Tem comida, tem que ter feijão. Meu filho do meio não come sem feijão. Ele mistura o que tiver com feijão. (Aline, 37, A1)

O feijão com arroz não faz parte da minha rotina. Por mim, comia outras coisas, mas, ele [o marido] *gosta e come todo dia arroz com feijão. E tem que ser só o caldinho.* (Lúcia, 33, A1)

Eu gostaria de variar do arroz com feijão, tomar uma sopa no jantar. Não tem jeito. Meu marido e minhas filhas não ficam sem arroz e feijão na janta. (Elizabeth, 42, C)

Quanto ao café da manhã, as descrições parecem também não oferecer muitas variações. Só tomar um cafezinho ou nada comer antes de sair de casa são hábitos de mulheres e maridos que correm apressados para o trabalho. Cabe notar que não se tem notícia de outra língua, ou lugar, em que a primeira refeição do dia seja expressa pelo consumo de um alimento.

De acordo com Câmara Cascudo (1984), as primeiras sementes de café vieram de Caiena para o Brasil em 1727. Daí em diante, segundo o autor, o café se espalhou pelo litoral de forma tão irresistível que passou não só a denominar a primeira refeição do dia, como a tornar-se o vício de todas as horas do povo brasileiro, consumido desde as classes mais baixas até as mais abastadas.

Mas café e chá são considerados bebidas de adultos, enquanto o leite é associado a crianças (Visser, 1998). Adolescentes e crianças bebem, na maioria dos casos, leite com algum tipo de achocolatado. Nescau e Toddy são as marcas mais citadas. Nescau é citado espontaneamente por 17 entrevistadas e Toddy, por quatro. Arlene (28, B2) chega a comentar:

Acho que depois que a criança toma o primeiro Nescau, nunca mais vai querer nada diferente. Minha filha é assim.

Comparando os cafés da manhã das entrevistas de classes mais altas e mais baixas, a diferença observada é uma variedade maior de itens – como frutas, sucos, iogurtes e cereais – nas casas de famílias mais ricas, mas que se somam ao café com pão, presente em todas as classes.

Na descrição das comidas preferidas da família, ou de que todos gostam, apesar do destaque mais uma vez do "feijão com arroz" – com acompanhamentos que variam pouco, como carne, batata frita e salada – são também citados outros pratos populares. Eles ilustram a comida misturada do brasileiro que, segundo DaMatta (1984), traduz a mistura de raças na formação do povo. A influência italiana parece ser a maior, com a preferência pela *massa* – como dizem as entrevistadas de classe mais alta – ou pelo popular *macarrão*. Dos italianos vem também o frango assado, mas acompanhado de farofa, um tipo de comida de origem africana.

Andressa (38, A1) responde de forma inesperada, mas, com certeza, sincera, à pergunta sobre a preferência geral da família:

79

Os alimentos preferidos? Besteiras. Em casa que tem criança, se perguntar o que eles querem, é só besteira: salgadinhos, cachorro-quente, pizza, pão de queijo, tudo faz um sucesso danado.

A declaração de Andressa lembra o relato de um pediatra sobre sua experiência com as mães, sempre preocupadas com a comida dos filhos. Conta ele que as mães sempre reclamavam que as crianças só comiam besteiras, ao que ele reagia perguntando de que besteiras estavam falando. Chocolates, biscoitos, balas, respondiam em geral as mães, esperando que o médico concordasse com elas. Ele, no entanto, comentava, com sinceridade, que as crianças tinham razão, pois ele achava todas aquelas coisas deliciosas.[1]

Mudanças na alimentação são contadas. São inevitáveis, mas o que chama a atenção numa amostra relativamente diversificada em termos de idade, profissão e classe social é a forte cultura do "feijão com arroz". Num tempo em que alimentos e homens têm a possibilidade de viajar mais rapidamente do que nunca, a combinação de arroz e feijão parece nos dar a lição da história de cada dia, de encontros e experiências, de paladares e consumos, que vão construindo identidades pessoais e coletivas.

Como observa Câmara Cascudo (1983), a eleição de certos sabores, que já constituem alicerce de patrimônio seletivo no domínio familiar, de regiões inteiras, unânimes na convicção da excelência nutritiva ou agradável, não se transforma com a mesma relativa facilidade de mudanças como, por exemplo, a moda das roupas femininas ou a aceitação de transportes mais velozes. Como reforçam Lúcia (33, A1) e Léa (41, A1), o "feijão com arroz" é a comida da *casa*:

> *Ele* [o marido] *chega e aí tem que ter feijão. Eu até pergunto se ele não come feijão no trabalho, mas ele diz que feijão bom só é o de casa.*

---

[1] Relato do Dr. Edson Moreira, pediatra, 82 anos.

Quando a gente viaja para o exterior, ou até aqui dentro mesmo, sempre volta com aquela vontade de comer um arrozinho com feijão. Em hotel, em restaurante, não tem essa comida de casa.

As entrevistadas são indagadas também sobre os pratos/comidas que combinam e que não combinam. As combinações mais desejadas e os pratos que não devem ser servidos ao mesmo tempo encontram-se no Quadro 2. Nas combinações mais lembradas, novamente destaca-se o "feijão com arroz", mas pode-se observar que o feijão aparece várias vezes na lista do que não combina, ou seja, parece ser pouco versátil em suas combinações. Combina mesmo é com arroz. Na lista das combinações não desejáveis pode ser destacada a mistura do macarrão com outro tipo de carboidrato, embora Aline (37, A1) discorde da maioria ao descrever o cardápio de sua casa:

A regra lá em casa é completamente louca porque, na mesma refeição, a gente é capaz de comer arroz, batata, massa e feijão. Eu acho até que não combina, mas como a gente vem de famílias muito simples...

Nas duas listas – o que combina e o que não combina – não se verificam diferenças que mereçam destaque entre as classes sociais da amostra entrevistada. As entrevistadas, em geral, têm mais dificuldade para lembrar o que não combina. Talvez porque essas combinações não estejam presentes no seu dia-a-dia. Essa dificuldade é manifestada por duas mulheres:

Eu acho que quando as coisas são boas, combinam. Não tem muita coisa que não combina. (Sílvia, 34, A2)

Eu nunca fui chegada a esse negócio de combinar comida, até porque para mim combina e para você não combina. Eu acho isso muito particular. (Cecília, 34, B2)

QUADRO 2

O QUE COMBINA E O QUE NÃO COMBINA

O QUE COMBINA	Macarrão com carne moída / Arroz, feijão e bife acebolado / Salada de maionese, arroz, frango assado com farofa e sem feijão / peixe ensopado com arroz / peixe com salada / Arroz com frango ensopado / salada com carne / arroz, feijão e farofa / Arroz, feijão, carne e salada / macarrão com carne / macarrão, ovo e salsicha / peixe com abóbora / frango assado com purê / bife com batata frita / massa com molho de tomate / carne assada com salada / peixe com purê de batata.
O QUE NÃO COMBINA	Sopa com arroz / maionese com feijão / peixe ensopado com feijão / salada de batata com batata frita / angu com macarrão / *strogonoff* com feijão / macarrão com arroz / feijão com lasanha / feijão com queijo / farofa com macarrão / arroz, feijão e suflê / carne assada com feijão / batata com arroz / aipim com batata / batata com macarrão / macarrão com arroz.

A comida especial : em casa ou na rua

Para analisar a comida especial – da comemoração ou do fim de semana – optou-se por separá-la com base nas categorias sociológicas de DaMatta (1984): as comemorações ou refeições em *casa* e as comemorações ou refeições na *rua* – o "*comer fora*".

Comendo na *rua*

As entrevistadas de classes mais baixas têm poucas experiências para serem contadas sobre *comer fora*, o que, para elas, parece ser algo que acontece como uma emergência, sem planejamento. Quando perguntadas sobre como é a decisão de comer fora, elas relatam:

Nunca é uma decisão. Às vezes acontece. A gente está com fome, come. Nunca planeja. Geralmente é no final de semana. (Lourdes, 32, C)

Se passa a hora de chegar em casa, a gente come fora. (Elizabeth, 42, C)

Outra prática comum, citada principalmente por entrevistadas das classes C e D, é "comer fora" na casa de familiares ou amigos, ou seja, "comer fora" não necessariamente envolve uma relação comercial, como num restaurante:

Ontem fui almoçar fora, na casa de uma tia. Foi aniversário dela e ela convidou a família para ir lá, se encontrar. (Rosa, 36, A2)

Já para as classes mais altas, o evento, além de ser identificado sempre com uma relação comercial, é descrito com detalhes que podem envolver aspectos variados, como, por exemplo, o ambiente, o que se come ou quem acompanha. Comer fora faz parte de um namoro, uma reconciliação, uma celebração ou mesmo é uma oportunidade de ir a um lugar para ver pessoas ou ser visto, o que parece ser algo dificilmente assumido.

Normalmente gosto de comer fora só com meu marido, porque tem o bate-papo, o couvert, *ficar beliscando, conversando.* (Adriana, 39, A2)

Eu curto sentar, ser servida e amo aquele couvert, *de qualquer restaurante. Adoro essas coisinhas.* (Lúcia, 33, A1)

Eu não gosto quando o atendimento não é bom. Gosto de um ambiente bonito, com uma luz legal, tranqüilo, com música, sem barulho, sem gente falando alto. (Sílvia, 34, A2)

Quando vou a um restaurante, gosto de comida diferente, gosto de coisas mais exóticas, um lugar para ver pessoas. Às vezes a gente vai ao japonês, ao tailandês ou ao restaurante francês. (Cláudia, 39, A1)

Um dos aspectos observados nos relatos sobre o significado de comer fora é a separação de espaços sociais, ou seja, de um lado o espaço doméstico, da casa e da rotina, e do outro o espaço público, da rua e do entretenimento.

Eu decido comer fora porque detesto cozinha. É diferente, porque mesmo que a minha mãe vá para a cozinha fazer a rabada que eu amo de paixão, não é a mesma coisa que pegar meu pai, minha mãe e minha filha. É outro clima, o jeito é diferente. (Maria, 33, B2)

Quando como fora jamais gosto de pedir arroz e feijão. Isso a gente come em casa. (Carla, 35, B1)

Comer fora é se distrair um pouquinho, sair da rotina. No restaurante você come uma novidade, uma coisa que você não está acostumada a comer em casa. (Regina, 34, C)

Outro ponto lembrado no evento "comer fora" relaciona-se ao trabalho envolvido, se comparado ao trabalho em casa. Para algumas entrevistadas, comer fora significa comida preparada e servida por outros. É *não ter trabalho*. Mesmo com as mudanças nos papéis sociais das mulheres que ingressaram no mercado de trabalho (25 das 29 entrevistadas trabalham fora), 17 do total dizem cozinhar no dia-a-dia, dez afirmam cozinhar eventualmente e apenas duas declaram que nunca vão para a cozinha fazer alguma coisa. Para Dickson e Leader (1998), os principais papéis associados às mulheres continuam a ser a preparação das refeições e a compra de alimentos, o que faz com que, em geral, o evento "comer fora" seja visto como algo especial para elas.

No restaurante você areja a cabeça, experimenta uma coisa diferente num lugar novo. (Léa, 41, A1)

Comer fora é um passeio, é diferente. (Dalva, 32, C)

Comer fora é prazeroso, o prato é bem elaborado. (Sílvia, 34, A2)

Essa percepção do comer fora como algo especial parece ser prejudicada, muitas vezes, pelos filhos: suas escolhas, suas presenças ou algum tipo de rotina com eles. Cabe observar também que, ao falarem de comer fora, algumas entrevistadas não consideram ir ao McDonald's ou ao Bob's com os filhos. Ir a esses *fast foods* é, muitas vezes, uma rotina, principalmente do fim de semana. Warde e Martens (2000) classificam esse tipo de atitude – *prefiro não estar com crianças quando como fora* – como a de um *consumidor experiente,* ou seja, de pessoas que cultivam o hábito de sair para comer.

Com a família eu acho meio chato, pois o meu mais velho come e quer ir embora. Eu acho chato, até evito. Como fora muito mais eu com meu marido do que a família toda. (Sílvia, 34, A2) (Filhos de 16 e 8 anos)

É difícil comer fora, temos gostos variados. Meu marido gosta de churrasco. Para minha filha de 5 anos, sair para comer é sinônimo de McDonald's. E eu não gosto muito dos dois, prefiro uma salada. (Dalva, 32, C) (Filho de 5 anos)

Quando a gente tinha um filho só, saía muito para comer fora. Depois vieram dois filhos seguidos, ficou complicado a gente sair de casa. Ficamos muito caseiros. (Aline, 37, A1) (Filhos de 18, 12 e 11 anos)

Se é para fazer bagunça, a gente prefere fazer bagunça aqui em casa mesmo. Pedir pizza e não sair. Meu marido diz que enquanto o mais novo não crescer, a gente não vai a restaurante com eles. (Andressa, 38, A1)

O comer fora, além de ser algo especial, pode estar associado também a um desejo de aprender coisas novas e de conhecer e conversar com pessoas diferentes. Ana (37, A1) descreve o marido como alguém que *adora experimentar tudo que é diferente... ele viaja e experimenta todas as comidas diferentes daquele lugar.* Essa atitude é chamada por Warde e Martens (2000) de *interesse em aprender,* e caracteriza pessoas que consideram comer fora um aprendizado. Outra atitude identificada na pesquisa de Warde e Martens, *preferência por informalidade,* pode ser interpretada como gostar de se sentir em *casa,* mesmo estando na *rua* (DaMatta, 1984). Maria (33, B2) descreve essa atitude:

Gosto de ir para um local em que eu me sinta à vontade. Não posso no fim de semana ir para um lugar em que eu me sinta reprimida, que corta... Meus pais, que sempre estão juntos, também têm que se sentir bem, minha filha também tem que poder fazer a arte que imaginar.

Comendo em *casa*

Quando falam da comida da *rua*, as mulheres da amostra pesquisada em geral não descrevem, por exemplo, os pratos preferidos. As observações que cercam o *comer fora* enfatizam ambientes, diferenças, atitudes, hábitos, preferências, rituais. O mesmo parece não acontecer quando as entrevistadas falam da comida de casa em ocasiões como comemorações ou nos fins de semana. Em casa, provavelmente pelo maior envolvimento pessoal com a função doméstica, os pratos preferidos são citados sem dificuldades.

Mesmo reconhecendo que as classes econômicas mais altas tendem a comer maior variedade e quantidade de alimentos, não são muitas as diferenças nos pratos especiais lembrados por classes mais altas e mais baixas. As semelhanças podem ser observadas no Quadro 3. Esta constatação parece estar de acordo com Mennell *et al* (1992), quando eles dizem que os contrastes relacionados às classes sociais no comportamento do consumidor de alimentos têm declinado ao longo do tempo. Está de acordo também com DaMatta (1996), quando ele sugere, ao analisar comidas e festas, que no Brasil o que se come parece atenuar diferenças sociais, servindo de denominador comum numa sociedade tão desigual.

QUADRO 3
COMIDA DA COMEMORAÇÃO OU DO FIM DE SEMANA

PRATOS MAIS LEMBRADOS	Lasanha / Empadão / Salpicão / Massas / Risoto / Sagadinhos / Cozido / *Strogonoff* / Bolos / Tortas / Arroz de forno / Robife / Maionese / Rabada / Churrasco / Carne Assada / Feijoada.

Algumas entrevistadas, que assumem não ter uma boa relação com a cozinha, parecem recorrer, nas comemorações em casa, ao que se chama de *jeitinho brasileiro* (Barbosa, 1992):

Quando tem alguma comemoração, costumo chamar uma prima que gosta de fazer comida de forno e fogão. Ela é meio enxerida, metida a rica, faz vários pratos para niguém botar defeito. Parece que ela já nasceu para aquilo. Já nasceu para a cozinha mesmo. (Marta, 39, C)

As comemorações a gente nunca deixa passar em branco, mas a comida é normal. Só se minha sogra ou minha cunhada vem do sul, elas fazem uma coisa diferente. Se eu estou pilotando, é o dia-a-dia mesmo. (Aline, 37, A1)

Minha mãe é pernambucana e em comemorações ela assume e faz aqueles pratos, cozido, rabada. (Arlene, 28, B2)

Barthes (1961) assinala que, no passado, apenas ocasiões festivas eram marcadas claramente pela comida, mas hoje todas as situações poderiam ser expressas pela comida, desde comemorações de fins de semana até os almoços de trabalho, que não são alvo desta pesquisa. A seguir, são analisadas informações relativas à forma e ao conteúdo das refeições familiares, no dia-a-dia.

As refeições familiares

Dickson e Leader (1998) apontam uma divisão entre os sociólogos que têm estudado as refeições familiares. Alguns indicam mudanças que estariam levando ao declínio desse costume: o hábito de "beliscar"; novas tecnologias, como televisão, forno de microondas e *freezer*; novos papéis sociais assumidos pelas mulheres; a valorização da conveniência e a preocupação com a economia de tempo. Outros sociólogos, embora admitam mudanças, continuam acreditando que as famílias ainda valorizam suas refeições em conjunto.

As entrevistadas são perguntadas sobre o hábito da família de fazer refeições em conjunto. Procura-se também explorar como e onde são feitas as refeições. Uma das mudanças por elas apontadas é a presença da televisão, compartilhada de diferentes formas nas refeições familiares. Cecília (34, B2) diz que o almoço de fim de semana é "vendo televisão" e que *ninguém senta à mesa*. Maura (36, B2) realça que jantam com a televisão ligada *mas à mesa. A gente não fica assim no sofá*. Já Elizabeth (42, C) mistura comida, televisão ligada e conversa:

A gente janta na sala, com a televisão ligada, conversando. No almoço a gente faz o prato e come sentada, vendo televisão ou trocando idéia.

Tem sido observado que, em alguns lares, a rotina das refeições é coordenada em torno dos horários dos programas de televisão, de forma que todos possam sentar juntos vendo ou não o programa preferido. Outro aspecto são as disputas causadas pela televisão, como discussões sobre onde e quando devem ser feitas as refeições, ou mesmo a possibilidade de cada um ir para seu quarto, com o prato na mão, para ver o seu programa preferido. Rosa (36, A2) parece se incomodar com o hábito da família de comer vendo televisão quando diz:

Fazemos refeições na sala, televisão ligada, sempre. É terrível. Esse hábito eu não consegui tirar. É uma briga.

Já Lina (32, C) parece não ter conflito algum com os hábitos de seus filhos e vai além do momento das refeições, quando fala da importância da televisão para a família:

As crianças sempre almoçam na frente, porque eu chego depois do horário. Elas comem na sala, sentam à mesa, mas dali dá para ver televisão. Depois que inventaram a Net (TV a cabo), foi a melhor coisa, porque aí põem naqueles canais de desenho e eles passam o dia inteiro na televisão.

Estaria a televisão realmente contribuindo para o declínio da refeição familiar? Outros aspectos que também oferecem problemas a esse costume são apontados: a dificuldade dos adultos de fazer refeições no meio da bagunça das crianças, a questão do espaço disponível e a presença ou não da empregada:

Minha casa é uma kitchenette. *Tem que ser vendo televisão mesmo.* (Ângela, 42, C)

Se não tem empregada a família não come junta, porque para a dona-de-casa é muito trabalho botar todas as travessas na mesa, depois tirar tudo e lavar a louça. Bota o prato no microondas e cada um come numa hora. (Adriana, 39, A2)

Quando tem empregada, comemos na sala de jantar, e quando não tem, à mesa da cozinha. Dá menos trabalho. (Léa, 41, A1)

Mesmo com muita televisão, desencontros de horários, falta de apoio da empregada e outros entraves relatados na descrição das refeições familiares, algumas entrevistadas mostram ainda valorizar o tradicional costume. Lina (32, C), por exemplo, além de ter o hábito de fazer refeições familiares em conjunto, sugere considerar o evento um ritual, ao falar da preparação do filho menor para acompanhar os pais e irmãos maiores nas refeições familiares. Já Cléia (42, A1) mostra satisfação com esse momento em que a família está reunida:

Eu e meu marido tomamos café juntos. Eu e as crianças almoçamos juntas. Estou muito presente nas refeições. À noite, quase sempre jantamos todos juntos, menos o Alexandre [o filho menor], *que ainda precisa de cadeirinha. Está se preparando para vir comer com a gente.*

Atualmente a rotina está bem boa, porque antigamente meu marido tinha um horário completamente louco. Quase nunca estava em casa e chegava depois da hora do jantar. Agora, normalmente a gente almoça junto. O Gabriel almoça mais cedo, porque vai para a escola. Normalmente jantamos os três juntos.

CAPÍTULO 5

ESTÉTICA, PRAZER E SAÚDE

Preocupação com o peso

O século XX foi caracterizado pelo medo de engordar, um processo que teve início nas elites e se propagou pelas classes mais baixas (Beardsworth e Keil (1997). Das 29 entrevistadas, 25 dizem ter preocupação com o peso. Destas, seis estão de dieta. Apenas quatro afirmam não se importar com o peso, o que parece indicar que o desejo de "ser magro" espalhou-se não só por todas as classes sociais como se tornou uma unanimidade na mídia de massa.

Ser magro significa ter saúde. Não apenas saúde física, como mental, emocional, psíquica. Ser magro relaciona-se a beleza, juventude, aceitação social e atração sexual. Por outro lado, para a mulher, parece haver muitas tensões entre ser magra e, com freqüência, ser a principal responsável pela saúde e a alimentação da família. As mulheres estão lidando com comidas na sua rotina, mas, ao mesmo tempo, devem aprender a evitá-las. Uma contradição.

Elizabeth (42, C), por exemplo, declara que tem pavor de engordar, mas, quando perguntada sobre como lidar com o problema, sua resposta não é direta e mostra como sua atividade na cozinha é conflituosa. Ela faz a comida, evita comer muito e sua função na rotina da cozinha rouba o tempo de que poderia dispor para fazer exercícios físicos e, assim, emagrecer, ou se manter magra:

91

Eu tinha vontade de parar de jantar e de fazer comida, mas não posso. Por causa da família, tenho que ir para casa e fazer comida. Queria estar na praia para caminhar, mas não posso. Estou doida que Mariana [a filha] *cresça. Vai ser difícil ter essa oportunidade.*

Carla (35, B1) demonstra estar cansada de controlar sua alimentação e seu peso:

Eu tenho preocupação com peso. Acho que já relaxei um pouco. Comecei a ver tanta gente que emagrecia dez, vinte quilos e que daqui a pouco já estava com o dobro que aí eu relaxei um pouco. Você tem que controlar. Eu mudei meus hábitos, cortei um pouco de refrigerante, eu bebia muito, agora é raro. Mas também não me privo. Quando estou a fim, bebo.

As mulheres dão sinais de estarem exaustas por terem assumido, ao mesmo tempo, os papéis de donas-de-casa, profissionais de carreira e profissionais da beleza (Hertz, 1986). Um outro tipo de tensão parece estar relacionado aos alimentos "da recompensa" e "do prazer", como doces e chocolates, geralmente os mais calóricos. Adriana (39, A2) declara ter uma preocupação excessiva com o peso e estar sempre de dieta, mas fala também da comida como uma recompensa:

Comer as coisas de que eu gosto está associado à ansiedade, como se fosse um prêmio. Quando estou ansiosa, quero comer as coisas de que gosto muito. Quando estou na rotina, no trabalho, eu não penso em comer. Quando paro, no cansaço, penso em comer sempre alguma coisa gostosa, e nunca nessa hora tenho a preocupação de comer algo que seja saudável ou que não engorde.

Eu estou numa fase em que engordei um pouco. Estou comendo brigadeiro todo dia, eu estou meio enlouquecida com brigadeiro. Adoro, amo de paixão, não faço questão de doce nenhum, só de brigadeiro. Estou ansiosa, não estou fazendo exercício. É trabalho, as crianças... não estou conseguindo. (Lúcia, 33, A1)

Algumas entrevistadas, no entanto, mostram que comer vai além de uma simples compensação pelo provável estresse do trabalho. Comendo muito podem estar preenchendo um vazio, ou uma carência emocional. Lina (32,C) parece se sentir pressionada a ser magra e Maria (33, B2) fala da comida calórica que passou a consumir após o divórcio, revelando seu medo de exclusão social e frustrações pessoais.

Eu tenho preocupação, mas não tenho cuidado. Como eu sofro! Este é o meu sofrimento, aí vem a ansiedade, aí eu como mais. Dá uma angústia. (Lina, 32, C)

Quando eu me divorciei, fiquei fazendo uma coisa muito feia: comia biscoito, macarrão, pizza. Só coisas que engordam, engordam, engordam. Não tinha uma fruta, não tinha um legume, era só massa, massa, massa. Eu comecei a engordar e a primeira informação veio do espelho. Aí comecei a pensar: por que estou comendo? (Maria, 33, B2)

A pergunta de Bordo (1985), quando ele começa a estudar as questões do corpo feminino, é outra: por que nossa cultura é tão obsessiva quanto a ser magro? Em sua pesquisa, cuja pergunta central é "Qual a maior preocupação do mundo para as mulheres?", o autor se surpreende ao verificar que, numa amostra de 500 mulheres, a resposta de cerca de 50% delas é "não engordar". Ou seja, guerras, catástrofes, crises diversas ficam para depois.

Andressa (38, A1) lembra que o problema não está apenas na dieta, mas na dificuldade de conciliar a dieta com exercícios físicos:

Eu fiz pela primeira vez na vida um regime, que foi nos Vigilantes do Peso. Emagreci e aí falei assim: agora vou começar a fazer ginástica. Não comecei, até hoje não comecei. E o que acontece? Você volta à vida normal e engorda de novo. Descobri que engorda de novo. Engordei metade do que tinha perdido. Perdi oito quilos e já recuperei quatro.

93

O problema com o peso não parece estar relacionado diretamente apenas às entrevistadas: muitas mulheres mostram preocupação com o peso dos filhos. Aline (37, A1) fala do filho de 12 anos, que tem tendência a obesidade, e da dificuldade de mudar os hábitos alimentares, como cortar refrigerantes e doces e introduzir peixe e legumes no cardápio da família. Já Lara (33, B1) se preocupa mais com a filha de 10 anos que, além de obesa, estava com anemia.

Esse quadro de obesidade e anemia é abordado em reportagem da revista *Veja* (Dieta...1999), que o atribui não à falta de comida, mas à inadequação da alimentação, pois os índices preocupantes de obesidade e anemia estão na classe média. Lara (33, B1) parece concordar com a informação, ao mesmo tempo que expõe de forma clara o estereótipo criado de que "ser gordo é ser feio" (DaMatta, 1996) ao dizer:

A minha filha é gorda por comer besteira. Existe aquele gordo saudável, que não é bonito, porque eu acho que gordo não é bonito em hipótese alguma. Mas ela não come. Se deixar, fica o dia inteiro sem comer comida de sal.

Poucas mulheres parecem dispostas a aceitar seu corpo e manter seus hábitos alimentares. A mídia tem mostrado que a insatisfação delas com a própria imagem e a luta para não engordar estariam se transformando em obsessão. Porém, Maria (33, B2) parece oferecer uma sugestão para lidar com o problema:

A primeira coisa é não virar paranóia na nossa cabeça, se não você começa a ter problema com tudo, não vai a lugar nenhum... é preciso começar a ver como um problema que pode ser resolvido com educação alimentar, saber o que está comendo. Se você consegue, vira até um prazer. Comer é um prazer, não é?

Saúde e alimentos: significados e associações

O que é saúde? O que você entende por saúde? Essas são as primeiras perguntas do roteiro das entrevistas. A intenção é obter este significado inicialmente, para depois dar continuidade à conversa sobre "hábitos de consumo de alimentos da família". Mas percebe-se que falar primeiramente de saúde parece funcionar como um fator inibidor para uma conversa mais solta sobre os hábitos cotidianos da família, o "beliscar", o "comer fora", "os grupos de referência" ou a "compra de uma novidade".

Falar primeiramente de saúde parecia provocar nas entrevistadas uma tendência de continuar falando sobre comportamentos "politicamente corretos" em relação aos hábitos alimentares. Esta percepção se confirmou numa das primeiras entrevistas, quando, após o gravador ser desligado, a entrevistada começa a falar, de maneira mais relaxada, sobre sua paixão pelo McDonald's, entre outros assuntos. Este fato remete ao claro conflito entre saúde e prazer sugerido pelo primeiro estudo exploratório. Começar falando de saúde parecia dificultar chegar ao prazer proporcionado pelos alimentos. A primeira pergunta passou a ser sobre os alimentos preferidos pela família.

Quando analisa a definição de saúde, Fox (1999) afirma que, atualmente, raramente a saúde é definida como ausência de doença. Mas, muitas entrevistadas parecem estar ainda voltadas para o que o autor considera um projeto moderno, e não pós-moderno, de controle e poder sobre as coisas, focado na razão e na aplicação de tecnologias que, no caso da definição de saúde, teriam o foco no controle da doença, principalmente através dos recursos da medicina e da tecnologia a ela associada.

Alguns significados atribuídos à saúde, pelas entrevistadas, pertencentes a diferentes classes socioeconômicas, estão diretamente associados a doenças. Quando perguntadas sobre o que significava saúde, as respostas foram: *ir ao médico, acompanhamento médico, preocupação com vacinas, não ter que enfrentar fila do INSS, não ter que usar plano de saúde, não ter que ficar na frente do médico, não ficar doente, estar com o organismo funcionando bem, não estar sentindo nada, tratar da saúde para nunca ficar doente.*

Todas essas definições põem a saúde como contraponto da doença que, por sua vez, parece estar ligada a uma noção de grande dependência, ou seja, dependência do médico, do INSS, do plano de saúde ou de vacinas. Esses significados de saúde estão próximos da visão de que saúde e doença são valores biológicos positivos e negativos.

Muitos significados de saúde fornecidos pelas entrevistadas podem, no entanto, ser ligados a uma abordagem mais recente, identificada como uma visão pós-moderna (Fox, 1999) de saúde, ou seja: saúde como um processo, e não como um estado, o que dilui a oposição saúde/doença e oferece, em substituição, um fluxo, uma multiplicidade de significados:

> *Saúde pra mim é o bem-estar físico, psíquico e mental. É uma harmonia do nosso corpo e da nossa mente que faz com que a gente tenha saúde.* (Regina, 34, C)

> *Saúde é a pessoa estar bem, não só fisicamente, como também mentalmente. É viver bem, se cuidar.* (Dalva, 32, C)

> *...é a gente estar bem com a gente mesmo, o físico e o mental.* (Arlene, 28, B2)

Se várias entrevistadas apontam o bem-estar emocional e psicológico como componente da saúde, o bem-estar social não é lembrado de forma tão direta. Mas, pode ser interpretado a partir de expressões como *morar bem* e *ter onde morar*, curiosamente usadas por entrevistadas das classes A e D. Kelly e Charlton (1995) associam diretamente à saúde o preenchimento de papéis sociais, o que pode ser anotado em depoimentos que incluem o trabalho na definição de saúde:

> *... principalmente quando a gente tem que trabalhar, tem que estar com a mente pronta e o organismo também. Tudo no lugar.* (Cecília, 34, B2)

Expressões como *saúde é tudo* – de entrevistadas das classes A e D – ou como *a saúde está acima de tudo porque a pessoa sem saúde não é nada na vida*, ou ainda como *saúde é estar bem por completo* parecem se encaixar na abordagem fenomenológica/ antropológica (Wright, 1982) de que saúde é o que faz o ser humano funcionar.

Alimentos são associados tanto à saúde quanto à doença. A alimentação é lembrada por todas as entrevistadas como importante para a saúde ou para evitar doenças. Quando não aparece na própria definição de saúde, é lembrada como importante para se ter saúde. Embora as mulheres se mostrem, em geral, seguras ao responderem afirmativamente que o alimento pode causar doenças, elas aparentam ter dúvidas e inseguranças quando solicitadas a identificar as doenças e o tipo de alimento que poderia causá-las.

Os alimentos gordurosos são percebidos como os maiores causadores de doenças. *Diarréia, indigestão, problemas na pele, entupimento de artérias, aumento de colesterol, pressão alta e câncer* são alguns problemas relacionados a gordura, ou excesso de gordura, lembrados por algumas entrevistadas.

Se, para Câmara Cascudo (1983), na sociologia da alimentação a fome, e não a culinária, mereceu maior atenção dos estudiosos, o mesmo não acontece neste estudo. Apenas uma das entrevistadas lembra que não só os alimentos causam doenças, como a falta deles também: *Desnutrição é uma doença da miséria, da carência e da falta de comida.* (Sílvia, 34, A2) Outras doenças como obesidade, anorexia e bulimia (Mennel et al., 1992), associadas a fatores psicossociais, não são lembradas por qualquer das mulheres da amostra.

Algumas distinções devem ser feitas entre as refeições habituais – café da manhã, almoço e jantar – e o "beliscar", que se refere a comer algo entre as refeições, ou algo imediatamente antes da refeição, enquanto a comida não fica pronta. As refeições são eventos que, em geral, obedecem a um planejamento ou a uma preparação. Existem certas rotinas e horários a serem seguidos, assim como, em alguns casos, regras sociais e combinações antecipadas. Já o "beliscar" é um comer não estruturado, sem ordem, regras ou protocolos sobre o que deve ser comido e onde deve ser comido.

O "beliscar" pode ser composto de um ou mais itens que, em geral, não estão presentes nas refeições rotineiras. Tem como uma de suas principais características a preparação rápida, como, por exemplo, o biscoito que sai diretamente do pacote para a boca. O "beliscar" freqüentemente é um consumo mais individual do que em grupo. (Bell e Valentine, 1997)

Embora o "beliscar" esteja integrado à rotina, quando perguntada sobre esse hábito de comer fora de hora, a maioria das entrevistadas faz associações negativas, caracterizando-o como prática não saudável na família.

É terrivelmente errado. Todo mundo tem o hábito de beliscar chocolate. Muito. A família é chocólatra. À noite? Beliscar o tempo inteiro. Até os adultos. (Adriana, 39, A2)

Infelizmente o costume de beliscar é muito maior do que deveria, especialmente da parte das crianças. (Paula, 39, A1)

No trabalho eu belisco adoidado, se deixar. O meu ponto fraco é esse. (Carla, 35, B1)

Por que "beliscar" seria um hábito condenado? Um dos principais problemas parece ser ganhar peso. Maura (36, B2) conta que queria emagrecer mas não conseguia. Pensava que não comia, até que um médico sugeriu que anotasse tudo o que pusesse na boca: um petisco, um cafezinho, o restinho do prato do filho. A partir dessa experiência ela pôde compreender que não comia muito nas refeições formais, mas "beliscava" o suficiente para ganhar peso. Lina (32, C) diz que para evitar que os filhos comessem tantos biscoitos à tarde – sua filha de dez anos é gordinha – passou a guardá-los no seu quarto, trancado a chave enquanto ela trabalhava.

A análise dos itens considerados os principais "belisquetes" da família permite compreender melhor as associações entre comer fora de hora e ganhar peso. Os biscoitos são citados na maioria das entrevistas, mas o mais comum é a lembrança não apenas de um item, mas, sim, de vários: pães, bolos, sanduíches, torradas, salgadinhos, sorvetes, gelatinas, sucrilhos, pipocas, todos sugerem a presença de muitas calorias. No entanto, há referências também a opções mais leves para esses momentos entre as refeições, como as frutas, bastante lembradas, e os iogurtes. Carla (35, B1) mostra que as opções mais leves, na hora de beliscar, parecem não ser as preferidas, quando diz:

> *Eu sempre procurei, mas só agora estou conseguindo, quando vou "beliscar", comer fruta ou um iogurte* light. *Mas tem hora que é irresistível comer uma torradinha, um pãozinho. Mas é uma coisa que tenho procurado cortar.*

Essa preocupação com peso, e até com o aspecto não saudável de "beliscar", parece não estar presente, da mesma forma, nas classes mais baixas. Para Elza (27, D), "beliscar" parece estar associado, principalmente, ao que está disponível naquele momento: *quando tem fruta é a fruta, quando não tem é um pão, um biscoito.* E para Regina (34, C):

> *O que é que tem de mais? As crianças gostam de beliscar na rua. Quando vão ao colégio querem um pão de queijo, pipoca, churros. Em casa é mais biscoito.*

Mead (1980) lembra que existem associações culturais confusas, como dizer que o doce virá se o prato for terminado por completo, ou seja, coma a sua comida que você poderá "beliscar". O autor relaciona biscoitos com bebidas, como, por exemplo, refrigerantes com alimentos não nutritivos, de fácil preparação e em geral baratos. Para Mead, é preciso diferenciar o "beliscar" – que define como "o que é bom, mas não é bom para você" – das refeições normais.

CAPÍTULO 6

RELAÇÕES NO PREPARO E CONSUMO DE ALIMENTOS

Significados do ato de cozinhar

Em contraste com outros espaços da casa que têm identidades mais ambíguas e podem ser dominados por diversos membros da família, a cozinha tem – em diferentes horas do dia – uma identidade feminina. É definida, na maioria das vezes, como um espaço feminino. Mesmo com as novas tecnologias de produção, processo, estocagem, embalagem, promoção e distribuição de alimentos, todas as mulheres entrevistadas – mesmo aquelas que trabalham fora em tempo integral – relatam algum tipo de relação, ainda que eventual, com o ato de cozinhar.

As perguntas são sobre quem cozinha na casa e, independentemente da resposta, se gostam de cozinhar e qual o significado de cozinhar. Das 29 entrevistadas, 21 dizem não gostar de cozinhar e oito afirmam que gostam. Quando indagadas sobre o significado de cozinhar, algumas mostram não ter dúvidas sobre sua aversão à cozinha:

Significado de cozinhar? Tortura. Você cozinhar por obrigação todo dia é horrível. (Carla, 35, B1)

Tormento. Acho que eu ia morrer de fome se tivesse que trabalhar em cozinha. O mais difícil é variar, ter que fazer um prato hoje, outro amanhã, outro depois. (Maria, 33, B2)

> Eu não gosto de cozinhar, mas tenho que cozinhar porque tenho três filhos. É obrigação. Trabalho. (Cláudia, 39, A1)
>
> É uma chatice, não é a minha praia. Até vejo aquelas cozinhas bonitas no cinema, aqueles apetrechos, não é uma coisa pela qual eu tenha uma ojeriza total. Acho aquilo tudo muito bonito. Mas aquela coisa de me envolver com a cozinha, de todo mundo ficar na sala conversando e eu ficar cozinhando por prazer, não é a minha praia. Prefiro comprar congelado Sadia [risos]. (Cléia, 42, A1)

Mas o ato de cozinhar também é considerado uma terapia, um prazer, uma realização, um orgulho. Na verdade, os olhos brilham enquanto elas falam do significado de cozinhar. Como os de Vilma (41, C). Ela diz que c*ozinhar é prazer,* que sabe cozinhar e o faz todos os dias com prazer. No entanto, ainda que algumas mulheres considerem a tarefa prazerosa, em alguns relatos positivos há também pontos negativos, ligados principalmente ao trabalho envolvido:

> Por que eu gosto de cozinhar? É o prazer de ver alguém comendo sua comida, de estar sempre inventando alguma coisa. Não deixa de ser uma terapia. Não tendo que lavar aquele monte de louça depois, é muito bom. (Maura, 36, B2)
>
> Uma cozinha, eu adoro, porque eu adoro tudo na casa. Mas quando chego à cozinha, eu me realizo. Então, eu invento. Se estiver de férias, devo engordar uns dez quilos. Dá um trabalho danado, mas eu me realizo. Sou capaz de ficar na cozinha o dia inteiro. (Beatriz, 34, B2)

Com muita simplicidade, Elizabeth (42, C) associa o significado de cozinhar ao consumo, ou mais especificamente aos sonhos de consumo, quando diz:

> Ter tudo na cozinha para fazer o que quiser para comer, à vontade. É tão bom, não é? (...) Tudo que tiver vontade, com fartura, poder pegar as coisas, fazer. Horrível ficar catando. Você fica imaginando o que vai fazer.

Algumas entrevistadas sugerem que outras variáveis, além do trabalho envolvido, interferem em suas relações com a cozinha. O tempo aparece como inimigo não só do prazer de comer, como também do prazer de cozinhar. Rosa, Dalva e Arlene indicam não gostar da correria e da pressa quando preparam a comida do dia-a-dia.

Você tem que gostar, tem que ter prazer, não pode ser uma correria danada. Não dá para parar, fazer com calma. Com criança tem que ter um horário, então você acaba ajeitando uma coisa mais rápida. (Rosa, 36, A2)

Eu penso que durante a semana é um saco. É supercansativo. Mas no fim de semana eu gosto. Tenho mais tempo e preparo com mais calma o almoço e o jantar. (Dalva, 32, C)

Se eu tivesse mais tempo para fazer o almoço, poderia fazer melhor. Mas aí aquela correria para botar a Luísa na escola... Não tenho tempo de variar muito, mas eu gosto de cozinhar. (Arlene, 28, B2)

Entre tormentos, torturas, obrigações, correrias e o prazer de cozinhar, vários depoimentos mostram dúvidas e conflitos que se diluem numa justificativa importante: o afeto. O envolvimento da mulher – esposa e mãe – no ato de cozinhar para a família envolve uma relação de afeto e reproduz significados que aparecem, principalmente, quando elas respondem sobre a comida preferida pela família, se a delas ou a da empregada. Elas dizem que não gostam de cozinhar, mas se mostram sensíveis e compreensivas em relação ao que significam para a família suas idas à cozinha para "pilotar o fogão".

A comida da empregada atual não é boa, aí tudo que eu faço fica maravilhoso. Mas não é só isso. Acho que tem um hábito, o jeito com que se faz as coisas. Como eu só vou para a cozinha quando quero, faço de boa vontade. A empregada não tem carinho, a comida é feita de qualquer jeito. (Aline, 37, A1)

Eles com certeza preferem a minha comida. Primeiro, eu acho que a gente faz com mais carinho. Por mais que a gente tenha a sorte de ter uma pessoa que faça bem, eles ainda falam: Ah! A sua é mais gostosa. (Rosa, 36, A2)

Quando eu cozinho eles gostam mais da minha comida do que a das empregadas. Acho que para eles tem um significado. Eu sempre trabalhei fora, mas sou de uma família mineira, que tinha uma mãe excelente cozinheira. Quando eu não estiver mais aqui, vão falar "minha mãe fazia isso tão bem". (Léa, 41, A1)

Logo, existe um meio-termo. As impressões sobre o ato de cozinhar não parecem estar polarizadas entre *gostar e não gostar*, como sugere uma das entrevistadas (Aline, 37, A1). Cozinhar não parece também ser algo distante do cotidiano – *uma arte*, como diz Regina (34, C). As declarações sobre afeto mostram que pode existir um *não gostar* carinhoso, e até uma possibilidade de aproximação com a arte. Como lembra Sílvia (34, A2), ao falar de algo que leu não sabe onde: *A comida tem o gosto da consciência de quem faz. Se ela é feita com amor, vai ser uma comida gostosa.* Ou ainda, como observam Bell e Valentine (1992), cozinhar a refeição familiar envolve aspectos simbólicos e profundos que vão além de fazer a comida. Significa fazer uma "casa" e fazer uma "família".

Consumo de alimentos e papéis sociais

Muitos anos se passariam antes que a cozinha deixasse de ser um espetáculo estrelado pela minha mãe e eu me interessasse pessoalmente por ela. Isso ocorreu quando percebi que entre as poucas coisas que homens e mulheres têm em comum estão o sexo e a comida. (Isabel Allende, 1998:40)

Embora Isabel Allende, na citação acima, refira-se à comida como algo em comum entre homens e mulheres, sabe-se que a relação homem-mulher é definida por modelos, papéis, normas, comportamentos e valores diferenciados, inclusive quando se fala de cozinha e comidas. Tradicionalmente, o homem é a "cabeça do casal", provedor da família. E a mulher, a mãe gestadora e cuidadora. A mulher e o alimento se misturam na gestação. Após a gestação, o alimento passa a estar ligado ao papel de cuidar da família.

Mas, com tantos outros papéis assumidos pelas mulheres, pode-se imaginar que o cuidado com a alimentação da família – que passa não apenas por comprar a comida, mas por prepará-la – também sofre mudanças. Quem compra? Quem cozinha? Essa relação de troca está sendo revista. É uma relação de mudança, pois não parece possível, hoje, pensar em comportamentos preestabelecidos e que não se transformam.

Pode-se perceber que não é pequena a participação dos homens na compra de alimentos e na cozinha. Mesmo sendo este um estudo qualitativo, sem a pretensão de quantificar, cabe observar que em 14 das 29 famílias focalizadas o homem tem alguma participação nas compras, e em quatro é o responsável por elas.

A maior presença do homem na cozinha não parece ser um fato real, mesmo ressaltando-se, na amostra entrevistada, o grande número de mulheres que trabalham fora: 19 em tempo integral e seis em tempo parcial. De acordo com Bell e Valentine (1997), a maioria das pesquisas continua a sugerir que o nível da participação dos homens na preparação da comida não corresponde à popular impressão de que a divisão de trabalho entre homens e mulheres, em casa, está mudando.

Nota-se uma diferença na presença do homem na cozinha nas classes mais altas, aparentemente mais associada ao prazer e até a uma certa diferenciação do *status* social. A presença do homem na cozinha se apresenta como uma espécie de bônus. Ele pode estar lá para preparar algo especial, de que gosta, ou algo associado ao estereótipo masculino, como café, bebidas e churrasco.

Meu marido é mais chegado a uma cozinha, embora minha empregada cozinhe superbem. Ele tem uma mão ótima, faz umas coisas sempre diferentes. (Cléia, 42, A1)

Meu marido é sempre sofisticado no que faz. Não faz aquela comida de todo dia. (Sílvia, 34, A2)

Na cozinha, nunca. Só se mete em churrascos. (Arlene, 28, B2)

Para Isabel Allende (1998), enquanto os homens latino-americanos consideram, em geral, a atividade doméstica um perigo para a sua virilidade, as mulheres se impressionam com homens entendidos em comida. A autora observa, no entanto, que os homens não ficam tão impressionados com as mulheres que sabem cozinhar, talvez por isso estar associado ao arquétipo doméstico tradicional. As entrevistadas de classes mais baixas mencionam a presença do homem principalmente num contexto de necessidade e de auxílio à mulher que trabalha:

Às vezes meu marido deixa o arroz pronto. Só. (Dalva, 32, C)

Na maioria das vezes meu marido ajuda. Ele chega primeiro, aí corre para fazer a janta. (Elza, 27, D)

Beatriz, (34, B2), mesmo relatando que o marido *às vezes cozinha,* e cozinha bem, parece não achar natural sua presença na cozinha, mostrando um certo preconceito em relação aos homens que assumem a tradicional função feminina. Ou seja, a cozinha da casa seria lugar de mulher:

Acho que é mais agradável a mulher na cozinha.

O que parece estar de acordo com Schvinger (1994), quando ele diz que a rivalidade entre homens e mulheres sempre existiu pelas diferenças, mas agora também passa a existir pelas semelhanças.

Marta, (39, C), quando fala da sua relação com a cozinha, parece se desculpar por não estar cumprindo o tradicional papel feminino e, ao mesmo tempo, cita outras funções de que gosta no lar, também associadas à mulher:

Por incrível que pareça, eu não sou nem tão cozinheira. Sou eu que cozinho, mas não sou assim tão fã. Sou de limpeza, de tomar conta de criança.

Rosa (36, A2) e Lúcia (33, A1) mostram também seu conflito entre o papel tradicionalmente associado à mulher nas atividades culinárias e o papel de profissional fora do lar. Ambas se referem à comida congelada, um dos símbolos da praticidade exigida principalmente pela mulher que trabalha fora. E se referem também às sogras, que parecem ser símbolos de mulheres que assumem as funções culinárias tradicionais.

Ele [o marido] é mais chato para comer, gosta mais de uma comidinha caseira. A mãe cozinha muito bem, e aí a mulher trabalha fora e não tem muito tempo para ficar se dedicando. (Rosa, 36, A2)

Eu falava para a minha sogra antes de me casar: "Não se preocupe, porque ele [o marido] não vai morrer de fome. Eu vou ter um freezer *maravilhoso, cheio de congelados. Vou ter um microondas maravilhoso que descongela em cinco minutos."* (Lúcia, 33, A1)

Os enfoques, no entanto, são diferentes. Rosa (36, A2) fala do uso de comida congelada em tom de desculpa, como algo que não agradaria ao marido. Já Lúcia (33, A1) fala da comida congelada como uma alternativa para quem não sabe e não tem tempo de cozinhar.

O papel dos filhos nos hábitos alimentares das famílias também é lembrado. Muitos depoimentos mostram que toda a família muitas vezes se subordina aos gostos, às preferências dos filhos, ou mesmo aos alimentos saudáveis que eles precisariam comer.

Eu viso muito o lado da minha filha, e aí acaba que eu e meu marido nos alimentamos da mesma forma. (Dalva, 32, C)

Quase não comemos peixe. Meus filhos não gostam, o do meio detesta. Nós [ela e o marido] gostamos, mas acaba sendo sempre carne vermelha. (Aline, 37, A1)

Na família moderna, toda a energia do grupo parece ser consumida na promoção das crianças, cada uma delas em particular, e sem ambição coletiva, sendo as *crianças mais do que a família* (Ariès, 1978).

No caso das famílias de classe mais alta no Brasil, o papel das empregadas domésticas e das avós não pode ser esquecido. Elas ocupam lugar nas decisões sobre hábitos alimentares da família e, principalmente, das crianças, quando os pais trabalham fora. Lara (33, B1) parece viver um grande conflito de papéis em relação à alimentação de sua filha de 10 anos. Arrepende-se de tê-la deixado quando pequena com a ex-sogra, que teria feito todas as suas vontades:

> Ela [a filha] não queria comer comida. Ela [a sogra] dava um pacote de biscoito de chocolate. Se eu tivesse a oportunidade de voltar atrás, ela não tomaria mais conta dela. Eu preferiria deixá-la na mão de uma empregada ou na creche do que ela tomando conta dela, porque hoje está sendo um transtorno eu tentar mudar.

Mas Lara, mesmo deixando atualmente a filha com a empregada, mostra ter ainda preocupações e desconfianças quando fala que determina o cardápio com legumes e saladas, caso contrário *a empregada vai fazer o que as crianças querem*, pois não saberia controlá-las. Lara admite a dificuldade de ser uma mãe ausente no dia-a-dia dos filhos e acaba assumindo que o comando da cozinha é mesmo da empregada:

> É muito difícil fazer com que ela faça as coisas no almoço. Na janta ela faz porque sabe que eu vou chegar. Agora, no almoço... às vezes ela diz que fez, mas a criança acaba falando que ela não fez. A empregada quer mais é não ter trabalho.

Deve-se lembrar que as referências aos papéis de homens e mulheres são feitas dentro do espaço da casa e que os relatos são feitos por mulheres. São observações necessárias para relatarmos as histórias de Léa (41, A1) e Dalva (32, C). Os dois casos mostram conflitos no controle dos hábitos alimentares do marido. No início da entrevista, tanto Léa quanto Dalva falam da preferência de suas famílias por alimentos saudáveis, como verduras, legumes e carnes brancas. Ambas mostram convicção e segurança, inclusive quando falam dos hábitos alimentares dos filhos. Eis que começa a surgir o marido, que claramente tem diferentes preferências.

Léa fala que é mais difícil o marido gostar de comidas mais leves, que todo dia tem que ter arroz e feijão para ele, que ele gosta de biscoitos e chocolate na hora de beliscar e que prefere o queijo amarelo e gorduroso ao branco. Dalva tem como meta cortar o misto-quente do marido, ao qual se refere várias vezes durante a entrevista. O misto-quente parece não corresponder a suas pretensões de hábitos saudáveis, pois há gordura no presunto, no queijo e na manteiga usada. As duas entrevistadas parecem ter o controle quando fazem afirmações como: *Deixei ele comprar só um pedacinho do queijo amarelo*, ou *lá em casa já cortei o misto-quente*.

A casa é o lugar onde essas mulheres parecem exercer o controle. No entanto, elas mostram saber da existência de um outro espaço, o da rua, que, de acordo com DaMatta (1984), é o espaço onde o indivíduo é anônimo, podendo até ser ignorado, e sobre o qual não tem controle:

Ele pode comer na rua. Aqui ele não come. (Léa, 41, A1)

Ele toma café da manhã na rua e não sei o que ele come lá. Aqui, o misto eu cortei. (Dalva, 32, C)

Léa é dura quando fala do que gostaria de mudar nos hábitos alimentares do marido: tirar um pouco da parte de que ele ainda gosta. Dalva mostra dúvidas quanto a sua determinação quando diz que não é *legal* comer misto-quente todo dia, todo fim de semana, mas que é difícil falar com o marido: *É igual a você estar com fome, ter um prato de comida ali e não poder comer aquela comida*. Voltando à citação de Allende (1998), parece que nem sempre homens e mulheres têm em comum a comida.

A influência dos grupos de referência no consumo de alimentos

Os membros de uma família constituem o grupo de referência primário mais influente nos padrões de consumo. Mas não são apenas os papéis sociais de esposas, maridos, filhos e empregadas que interferem no consumo de alimentos nessas chamadas famílias de procriação, foco da análise deste estudo. Muitos depoimentos deixam clara a interferência das famílias de orientação, que consistem nos pais e irmãos das entrevistadas ou de seus cônjuges. Essas influências podem aparecer como um reforço positivo na alimentação da família de procriação:

Eu tive essas informações com a minha mãe, na minha casa e nos livros que estudei. Tenho muita curiosidade sobre alimentos... saber que tipo, para que serve. (Regina, 34, C)

Mamãe sempre se preocupou em alimentar bem a família. A gente pegou isso dela. (Léa, 41, A1)

Desde que me entendo por gente, na casa dos meus pais era assim, arroz, feijão, almoçar, jantar. Não podia ficar sem almoçar e jantar. Se a pessoa ficar comendo sanduíche, não se alimentar direito, começa a ter problema. (Elizabeth, 42, C)

Lúcia (33, A1) lembra que no casamento cada um traz os hábitos de sua família de orientação. Ela é judia e o marido, mineiro.

Na casa da minha mãe nunca colocamos coca-cola na mesa, no almoço ou no jantar. Então, fui criada assim, não tive hábito. Acho que tudo é hábito. Eu trouxe algumas coisas da casa da minha mãe, mas isso de arroz e feijão ele [o marido] *trouxe lá da família dele. E aí a gente juntou as duas coisas.* (Lúcia, 33, A1)

Da infância, da família e de outros grupos primários de referência, como a escola, parecem vir não apenas formações de hábitos, como rejeições, que em muitos casos provocam inclusive traumas em relação a alimentos e também ao ato de cozinhar. Paula (39, A1), por exemplo, quando comenta sua falta de afinidade com a cozinha – que, segundo ela, *é gritante* – lembra que sua mãe sempre falou em tom de brincadeira: *Não aprenda a cozinhar, não saiba cozinhar, porque você vai ficar na cozinha. Foi isso que eu fiz e você deve fazer também.* Mas são mais comuns os depoimentos em que as mulheres explicam problemas relacionados a alimentos que foram muito consumidos por elas, ou que foram forçadas a consumir em suas famílias de orientação:

A única coisa que eu recuso é angu, pois quando era criança levei uma surra para comer um prato de angu. Comi, mas depois passei mal e suei frio até vomitar. Tomei pavor de angu até hoje. Não sinto sabor como sinto nas outras coisas. (Ângela, 42, C)

Eu não sou fã de peixe. Acho que comi muito peixe quando era pequena e agora o meu negócio é mais carne. (Beatriz, 34, B2)

Tomate? Não gosto, porque associo à época em que almoçava no colégio. Era obrigada a comer tomate. Eu o enrolava no guardanapo e escondia embaixo da mesa. (Paula, 39, A1)

Lara (33, B1), no entanto, não cita família nem colégio como grupo de referência para os hábitos alimentares de sua família de procriação. Já Lina (32, C) é empregada doméstica e são seus patrões o modelo de referência de uma alimentação saudável. Como elas são de classes sociais diferentes, pode-se dizer que os patrões representam um grupo de referência ao qual Lina talvez aspire pertencer. Seu depoimento sugere, porém, dificuldades que podem estar na história da alimentação que traz de sua família.

Eu gostaria que a comida da minha casa fosse igual à comida da casa dos meus patrões: arroz integral, legumes todo dia, fruta, verdura, bastante verdura, até porque não é caro. Não é caro, mas ninguém lá em casa gosta.

Outra influência destacada é a das regiões de origem, que fornecem identificações alimentares específicas: a comida mineira, a comida gaúcha, a comida do Norte – esta última teve pouca interferência dos imigrantes e por isso manteve características indígenas:

Eu não mudaria nada na comida lá de casa, mas meu marido é de Belém. Ele gosta muito das coisas de lá. Conhece pato no tucupi? Todas as coisas de Belém ele gosta. (Ângela, 42, C)

Gostamos daqueles doces do sul, como sagu e ambrosia. Meus filhos não gostam. É pudim e pavê. Já são bem cariocas. (Aline, 37, A1)

111

Meu marido gosta de ir para a cozinha fazer aquelas comidas do Nordeste, feijão verde, uma carne, galinha ensopada... (Regina, 34, C)

A gente gosta de uma farofinha, de comer comida com banana, que são hábitos mineiros. (Léa, 41, A1)

Mas, se o Brasil é uma mistura de raças e de comidas originadas dessas raças, Marta (39, C) mostra-se surpresa com as misturas de certos alimentos no Rio de Janeiro, quando lembra de costumes alimentares nordestinos:

Eu ainda sou daquela moda antiga. Comeu abacaxi, não pode tomar leite. Comeu jaca, também não. Comeu jaca, não pode dormir. Se a mulher está de resguardo, não pode comer carne de porco. Lá no Norte, que tem aquela preferência por comida, tem um monte de coisas que se a gente comer misturado faz mal. Aqui [no Rio de Janeiro], *a gente come de tudo que vê na frente porque a gente não sabe nem o que está ingerindo, e nada faz mal.* (Marta, 39, C)

Léa (41, A1) analisa e separa duas subculturas, a mineira e a carioca, caracterizando as duas origens alimentares:

Da minha família mineira para a minha família carioca tinha uma grande diferença. A diferença básica era o gosto da comida. O mineiro tem mais preocupação com a qualidade, ingredientes. Tinha muita diferença na preocupação com alimentação na família mineira e na carioca.

São formas diferentes de ordenar o universo, pois alimentos compatíveis com a cultura são considerados adequados, enquanto aqueles que não fazem parte da subjetividade cultural são considerados inadequados (Douglas, 1979). Declarações sobre as origens, as famílias de referência, as regiões onde nasceram referem-se à "comida das lembranças", que, de acordo com Ackerman (1992), faz parte de um mundo complexo de satisfação tanto fisiológica quanto emocional. Léa (41, A1) parece mostrar isso quando, durante a entrevista, chora lembrando-se do doce que sua falecida mãe fazia e que nunca mais comerá. *São marcas que ficam para a vida inteira*, conclui a entrevistada.

CAPÍTULO 7

NOVOS ALIMENTOS E RISCOS ASSOCIADOS

As lembranças de comidas com certeza permanecem vivas. No entanto, uma das características dos padrões de consumo das sociedades atuais é a procura de experiências e novidades. O "sabor da novidade" (Beardsworth e Keil, 1997; Warde, 1994) pode ser exemplificado pelo comentário de Lara (33, B1): *Comprar uma novidade é sair da rotina*.

As famílias gostam de experimentar alimentos diferentes? As respostas a essa pergunta são quase sempre positivas. Mas, quando perguntadas mais especificamente sobre novidades incorporadas aos hábitos da família, ou mesmo experimentadas recentemente, as entrevistadas demonstram dificuldade de lembrar. Muitas dizem não se lembrar de nada diferente, mesmo quando estimuladas com explicações adicionais como "algo que vocês não costumavam comprar ou consumir e que agora foi incorporado ao consumo da família".

Alimentos estão associados a um tipo de consumo e de compra muito freqüente. Representam uma necessidade tão básica e um acontecimento tão óbvio no dia-a-dia, que parece difícil associá-lo rapidamente a novidades e novos produtos. Em geral, a pergunta é compreendida em termos mais amplos: o que mudou? Mudou a economia brasileira, essa pode ser uma constatação feita a partir de alguns depoimentos.

O mercado de novos produtos é inconstante e influenciado por variáveis exógenas. As recentes mudanças na economia brasileira, principalmente a partir do Plano Real, parecem ter influenciado os padrões alimentares em todas as classes sociais e possibilitado a incorporação de novos produtos. Nas classes mais baixas, a novidade não são novos produtos que chegam ao mercado, mas, sim, o consumo de alimentos que não faziam parte da rotina da família, ou seja, o que é possível comer agora e que não era possível comer antes:

> *A novidade é que a gente está usando carne. Antes não dava para comprar. Agora estamos usando mais.* (Lara, 33, B1)
>
> *Refrigerante, queijo, doce, Danone para as crianças... essas coisas lá em casa não entravam porque era muito caro. A gente passou a comer melhor e mais. A novidade no domingo foi churrasco lá em casa. Só me lembro mesmo de churrasco.* (Elizabeth, 42, C)
>
> *Queijo, iogurte, era mais difícil comer. De uns tempos para cá, a gente sempre está comendo.* (Regina, 34, C)

Numa das entrevistas, a falta de um forno de microondas é citada como motivo de restrição à adoção de novos alimentos. Cabe observar que todos os alimentos congelados e pré-prontos podem ser preparados não só em microondas, como também em forno convencional, uma informação que parece não estar clara para Cecília (34, B2):

> *Não costumo comprar porque não tenho microondas, ainda. Não vejo problema em comprar. Só não compro mesmo porque não tenho microondas.*

Já nas classes mais altas, a entrada no mercado de alimentos importados é percebida como uma mudança que permitiu o consumo de produtos antes pouco acessíveis, ou que só podiam ser experimentados por quem tinha a oportunidade de viajar para o exterior.

> *Coisas que incorporamos recentemente? Alguns pães diferentes, tipo italiano, azeite extra virgem, rúcula, presunto de Parma. São coisas recentes, para sair do queijo-quente, né?* (Cléia, 42, A1)

Nos últimos anos incorporamos algumas coisas importadas, tipo massas, azeite italiano. (Sílvia, 34, A2)

Essas coisas novas, importadas, que a gente se dá o luxo de poder ter, que é um azeite bom, um vinagre bom. Essas coisas com que a gente se acostuma e não abre mão mais. (Léa, 41, A1)

O que motiva a compra de uma novidade? Esta pergunta tem como objetivo principal entender a influência dos canais de comunicação – mídia de massa e canais interpessoais. As embalagens são citadas como importante instrumento de motivação e comunicação, descrito em detalhes:

No supermercado, por exemplo, uma coisa que me chama a atenção é a embalagem. A embalagem legal me faz mexer o olhar. Em termos de alimento pronto, acho legal o colorido, a arrumação. (Adriana, 39, A2)

Acho que o que motiva a comprar uma novidade é a embalagem. A pessoa olha para a embalagem. Aí olha aquelas letras falando: isso tem tantas calorias, tanto de vitaminas e não sei mais o quê. A pessoa quer alimentar o corpo de forma rápida e que não dê muito trabalho. Então eu acho que isso chama a atenção dela. (Dalva, 32, C)

A propaganda e a promoção são também lembradas como motivadoras, mas as entrevistadas não parecem muito à vontade para admitir esse tipo de influência. Baudrillard (1973) discute a dificuldade de os consumidores assumirem a publicidade, ela própria, como objeto de consumo que aliena mas que, ao mesmo tempo, atrai com suas imagens jamais negativas, sempre bonitas e especiais. Para Baudrillard, o consumidor não acredita na propaganda mais do que a criança em Papai Noel, o que não o impede de se comportar de acordo com a propaganda e seus temas, palavras e imagens.

Maria (33, B2) admite ser motivada pela propaganda, mas refere-se a ela de forma crítica e usando a terceira pessoa, ou seja, dizendo que a publicidade influencia as pessoas:

O que motiva é a propaganda. As pessoas ficam iludidas, ficam contaminadas, viciadas naquilo que elas vêem, ou naquilo que vem junto com aquele iogurte novo, o bichinho, a revistinha...

Já Regina (34, C) parece resistir a admitir a influência da propaganda. Começa falando de outros motivadores até assumir, em tom de desabafo, que a propaganda exerce uma grande influência na compra de um novo produto:

O que motiva, no meu caso, é se aquele alimento vai ser nutritivo. Mas geralmente eu acho que o que motiva é a embalagem, é o tipo de anúncio que se faz. Às vezes você vê toda uma propaganda em torno do produto, você experimenta e não é nada daquilo. A televisão influencia demais.

Se é difícil admitir a influência da propaganda, o mesmo não acontece em relação à influência dos filhos nas compras e no consumo de alimentos pelas famílias. Na compra da novidade, eles não são apenas os que influenciam suas mães, mas também os que são influenciados pela mídia de massa, ou mesmo pelas apresentações dos produtos nos supermercados:

Minha filha não pode ver, no supermercado, a sessão de iogurtes. Ela faz a festa. É horrível aquilo. Quando entra aquela coisa de filho, quando está todo mundo junto, compro. Eu acabo levando. (Maria, 33, B2)

Tem um tal de Danoninho... ele viu na televisão e me pediu para comprar. Aquele tal de corn flakes, sei lá o quê, como é o nome daquilo? Sucrilhos. Ele adora aquilo. Vê na televisão e quer que eu compre. (Lara, 33, B1)

... Agora, para minha filha, é a coisa da televisão. Aparece uma coisa diferente, ela pede logo para comprar e a gente acaba fazendo a vontade. (Carla, 35, B1)

Minha filha pede qualquer coisa que passa no comercial. Eu compro tudo. (Arlene, 28, B2)

Outras motivações e influências associam-se às tendências mais recentes de mudanças relacionadas às questões alimentares.

Aline (37, A1) cita a conveniência como um fator motivador:

Eu sou conservadora nos meus hábitos alimentares. Agora, esses lançamentos de coisas para facilitar a vida da gente em casa, tipo comida congelada, pratos semiprontos, aí eu compro.

Maria (33, B2) e Arlene (28, B2), sempre "preocupadas com o peso", parecem ser motivadas pelas novidades dietéticas:

Quando surgem essas coisas para emagrecer, eu compro.

A partir da dieta comecei a comprar umas coisas diferentes, maionese light, *requeijão* light, *manteiga, tudo* light. *Tem que ter sempre.*

Já Sílvia (34, A2) consegue unir saúde e prazer quando fala de suas motivações:

O que me motiva a experimentar é o fato de ser um alimento mais saudável ou ser uma coisa saborosa. Ou as duas.

Algumas entrevistadas parecem ter assumido que não são inovadoras, e sim conservadoras, sugerindo que preferem a estabilidade e o sentido de permanência dos alimentos (Fischiler, 1988; Rozin, 1986) e de seus sabores no consumo da família. Uma delas chega a usar um ditado popular para explicar porque não gosta de mudar: "Em time que está ganhando não se mexe." Carla (35, B1) e Regina (34, C) revelam, no entanto, a atração que o "sabor de novidade" e a curiosidade exercem nos padrões de consumo das sociedades atuais ao falarem de suas motivações para a compra de um novo produto:

O que motiva a pessoa a comprar uma novidade é a novidade mesmo. Às vezes lançam uma marca nova de lasanha e você quer saber se é mais gostosa. (Carla, 35, B1)

A gente gosta de experimentar coisas novas, um iogurte, um enlatado, um tipo de macarrão, alguma coisa que a gente veja que desperte nossa curiosidade. (Regina, 34, C)

A busca de novidade e a curiosidade podem ter conseqüências negativas. Há muitos relatos de arrependimento por experimentar um novo produto. Nesses casos, a decepção parece levar a um sentido maior de precaução. Os consumidores passam a perceber maiores riscos nas novidades que o mercado apresenta, como, por exemplo, o risco de a família não gostar:

Comprei uma lingüiça de frango para experimentar. Horrível! Ninguém comeu. (Maria, 33, B2)

Experimentei aquele iogurte Fruito, mas é muito ruim. Fiquei decepcionada. (Carla, 35, B1)

Aquele peito de frango empanado, não gostei. Acho que é da Sadia. (Elizabeth, 42, C)

Já me arrependi de comprar e ninguém comer várias coisas, como ricota, biscoitos diferentes, sucrilhos. Ficam enrolando e ninguém come. (Paula, 39, A1)

Riscos associados a novos alimentos e influências da comunicação

Risco já foi uma palavra associada à possibilidade de ocorrência de um evento positivo (de ganhos) ou negativo (de perdas). Mas passou a ser um termo relacionado principalmente a resultados negativos, um sinônimo de perigo ou ameaça (Fox, 1999). A pergunta "Que riscos você acha que existem na compra de uma novidade ou de um novo tipo de alimento/comida?" mostra, logo nas primeiras entrevistas feitas, que a palavra *risco* deve ser substituída por outra como, por exemplo, "problema".

Risco, na cultura relacional (DaMatta, 1984) do "jeitinho" (Barbosa, 1992) e do "homem cordial" (Holanda, 1978), é uma palavra forte quando o tema é consumo de alimentos. Além disso, *risco,* numa cidade como o Rio de Janeiro, parece estar mais associado a assaltos e roubos, a acontecimentos mais ligados à rua do que à alimentação, algo tão cotidiano e associado à família, ao lar, à casa. Uma das entrevistadas explicita bem sua rejeição inicial à palavra risco quando o assunto é comer, substituindo, ela mesma, a palavra:

Risco? Não. Não vejo como risco. É assim um medo do desconhecido, não é? (Maria, 33, B2)

Mesmo assim, podem-se anotar vários tipos de riscos/problemas a partir dos relatos das entrevistadas. A pergunta sobre riscos associados aos alimentos refere-se especificamente à compra de uma novidade ou de um novo tipo de alimento/comida. Alguns riscos relatados, no entanto, aparecem em outros momentos da entrevista, às vezes antes mesmo de ser formulada a pergunta sobre o tema. Os principais tipos de riscos citados são também relatados nas pesquisas de Mitchell e Boustani (1993), relacionadas ao mercado de cereais matinais, e na pesquisa de Mitchell e Greatorex (1990), que analisam o risco percebido no consumo de vinho. Um dos riscos apontados é aquele relativo ao sabor:

A única comida de que eu tinha receio era jiló. Todo mundo falava que era amargo. Foi preciso eu me operar para comer jiló no hospital. Eles prepararam tão bem que saiu a cisma. (Elza, 27, D)

Comida pronta, o primeiro problema é com o sabor. Meu marido estranha. (Rosa, 36, A2)

É o sabor. Não passa pela questão de saúde, de dinheiro. É a questão do gostar. Os meninos são muito chatos para comer. Tem um que não come sem feijão. É de segunda a domingo. (Aline, 37, A1)

Eu não fiquei arrependida, fiquei decepcionada por ela [a filha] *não ter gostado. Eu queria que ela gostasse.* (Arlene, 28, B2)

Se para Aline, (37, A1) a questão não passa pelo dinheiro, o risco financeiro é uma realidade citada por consumidoras de diferentes classes sociais na compra de uma novidade:

A gente compra se a gente vê que está com preço legal. Tem que ser sempre o mais barato, assim, a lasanha, esses troços diferen-

tes que a gente não pode fazer em casa. Se a gente chega ao mercado, tem uma novidade e dá para levar, a gente compra. Não tem outro risco, não. É só se o dinheiro dá mesmo. As condições financeiras, não é? (Elizabeth, 42, C)

Eu fico com medo de comprar e estragar o meu dinheiro, arriscar por uma coisa que não conheço. (Lina, 32, C)

O riscos associados à saúde também são lembrados em preocupações com a procedência dos alimentos e seus ingredientes:

Eu acredito que a gente não sabe o que está comendo porque a gente não vive lá no abatedouro. De repente a pessoa pode trazer até uma vaca doente do estado de Minas, matar, botar aí para vender e a gente vai consumir aquela carne. Ela pode ter até passado pela saúde pública. Eu fui ao açougue e comprei uma carne que estava limpinha. Tudo bem, é limpa mas a gente não sabe como o animal foi criado e qual a ração que consumiu. O criador pode ter dado alimentação com bactéria, vírus. (Elza,27, D)

Comida de botequim faz mal, dá dor de barriga. Eu parei de comer pastel, coxinha. Estava fazendo mal. (Eliane, 25, D)

Me preocupa os alimentos terem muito agrotóxico. (Sílvia, 34, A2)

Eu ouvi dizer de uma pesquisa que mostrava que o palmito estava contaminado, que não é todo palmito que é bom para consumo. Estou evitando o palmito. (Aline, 37, A1)

Conservante. Eu fico com medo de dar esses alimentos, Toddynho, leite mesmo, leite de caixa, hoje é difícil encontrar um mais natural. O próprio médico falou uma vez que o Longa Vida tem formol, tem outra substância lá que faz mal ao organismo. Tudo que é industrializado tem alguma coisa para conservar o alimento. (Rosa, 36, A2).

Eu não confio em congelado, porque tem muita química. Como é que você vai ter um negócio seis meses no freezer *e o negócio estar bom? Existe muita química aí em cima.* (Lina, 32, C)

No caso dos alimentos congelados e pré-prontos, em nenhum momento as consumidoras sugerem algum tipo de superioridade nutricional em relação às opções mais tradicionais de preparo de alimentos, assumindo esses produtos apenas como um *quebra-galho*, para uma *eventualidade*, ou seja, parecem estar associados à conveniência do uso. Algumas entrevistadas indicam que produtos industrializados não seriam compatíveis com seus valores. São impressões que influem negativamente na taxa de adoção dos produtos e que aumentam a percepção do risco pelo consumidor (Rogers, 1995).

A construção do que seja *saúde* e, conseqüentemente, do que sejam os alimentos bons ou maus para a saúde parece envolver muita subjetividade e meias-verdades. Em geral, as meias-verdades, as verdades ou as não-verdades se originam de informações recebidas pelos consumidores, principalmente através da mídia de massa (televisão, jornais e revistas), que aborda a questão alimentar como um importante e polêmico tema de discussão.

Esse movimento da mídia se origina de uma consciência cada vez maior – a partir de resultados de estudos e pesquisas – da influência do que se come sobre a saúde física e emocional, e sobre a prevenção e a cura de muitas doenças. Por outro lado, crescem as preocupações dos consumidores tanto em relação aos alimentos industrializados quanto em relação aos não-industrializados.

A última pergunta do roteiro procura resgatar informações recentes relativas a alimentos que as entrevistadas teriam lido ou ouvido, e que as teriam deixado, de alguma maneira, preocupadas. Das 29 mulheres, sete dizem não se lembrar de qualquer informação recente sobre alimentos. Mas apontam várias preocupações, embora, em geral, elas se mostrem confusas em relação às suas lembranças. Entre as preocupações mais citadas estão reportagens sobre problemas com carne:

Fiquei preocupada com as carnes cheias de bactérias e germes. Aquela reportagem me chamou a atenção. A gente pensa que está comprando um alimento saudável e, no entanto, tem lugares que vendem para a gente outra coisa. Eu vi na televisão. (Dalva, 32, C)

Eu ouvi essa coisa de carne bovina, que estava contaminada. Apesar de não consumir, minha filha consome, isso me preocupou. Teve também uma coisa nos Estados Unidos, que estava tudo contaminado, os enlatados. Agora não me lembro. (Maria, 33, B2)

Tem-se discutido muito nos meios de comunicação que a carne vermelha não é tão saudável, tem uma digestão difícil. E como nossa principal refeição é o jantar, estou tentando, aos poucos, mudar os hábitos alimentares lá de casa. (Aline, 37, A1)

Outra preocupação lembrada por 11 das 29 entrevistadas são os alimentos transgênicos. Nesse caso, a desinformação e confusão em relação às informações que chegam parecem ainda maior. Cecília (34, B2), por exemplo, começa expondo sua preocupação com os transgênicos e termina falando de agrotóxicos:

Os alimentos transgênicos... me preocupei, porque a gente não sabe o que está comendo, porque aquilo, mais tarde, vai começar a ter reações na sua própria saúde. Diz que mexe com tudo. Evitar comprar esses alimentos no supermercado. Principalmente quando é grande, muito bonito, é porque tem alguma coisa errada. Eu desconfio logo. Com certeza tem agrotóxico ali. (Cecília, 34, B2)

Em seu conceito de modernidade reflexiva, Beck (1992) critica o processo modernizante da sociedade que, por um lado, produz bens, entretenimento e conforto e, por outro, produz perigos e "coisas do mal". O depoimento de Rosa (36, A2) sobre os transgênicos é um exemplo de reflexão crítica, que mostra a dualidade em relação a inovações, como os transgênicos, ou seja, as dúvidas sobre seus benefícios em oposição aos riscos associados.

Essa história de transgênicos, de misturar, de querer fazer um produto melhor, maior, isso preocupa porque você está mudando a natureza. A gente não sabe até que ponto isso pode agredir nosso organismo, se tem química, se tem essas coisas. (Rosa, 36, A2)

Os hábitos alimentares, suas rotinas, preferências e motivações – originados das influências sociais, culturais, econômicas e psicológicas – parecem ser fortes e não tão flexíveis, mesmo cercados de debates, controvérsias, diferentes informações, opiniões diversas, problemas com carne, a questão dos transgênicos ou outras preocupações que chegam pela mídia.

Mesmo que os exemplos de preocupações com alimentos consumidos mostrem, de fato, uma diminuição da confiança nos alimentos, alguns depoimentos nos dão a pista de que tradições e hábitos alimentares talvez sejam mesmo "gravação em granito", como sugere Câmara Cascudo (1983). As entrevistadas mostram que estão recebendo as informações mas nem por isso modificando sua rotina alimentar.

Tem essa questão dos transgênicos, que a gente sabe que não vai se esclarecer tão cedo. Mas como eu não tenho o controle sobre isso, estou consumindo. Também tenho preocupação com as gorduras hidrogenadas, mas elas estão presentes em tudo. Não estou disposta a fazer um esforço para mudar meus hábitos alimentares. Ninguém sabe nada direito. (Aline, 37, A1)

Teve uma reportagem no Globo Repórter em que eu fiquei antenada, até porque falava da batata palha, do pacote... acho que tinha aquela coisa transgênica. Naquela época fiquei antenada, mas não deixei de comprar por isso [risos]. Toda vez que eu vejo essas reportagens fico meio preocupada. Problema com carne, hormônios, você fica sem saída porque tudo tem alguma coisa. (Cléia, 42, A1)

Se a gente for parar para pensar, a gente não vai comer nada, nem na rua nem em casa, em lugar nenhum. A gente tem que ter cuidado, mas tem uma certa hora em que a gente tem que relaxar, se não, não come. (Rosa, 36, A2)

PARTE 3

INTERPRETAÇÕES

CAPÍTULO 8

CONTRADIÇÕES, SIGNIFICADOS E BUSCAS

> *Encontrei hoje em ruas, separadamente, dois amigos meus que se haviam zangado um com o outro. Cada um me contou a narrativa de por que se haviam zangado. Cada um me disse a verdade. Cada um me contou as suas razões. Ambos tinham razão. Não é que um via uma coisa e o outro outra, ou que um via um lado das coisas e o outro um lado diferente. Não: cada um via as coisas exatamente como haviam se passado, cada um as via com um critério idêntico ao do outro, mas cada um via uma coisa diferente, e cada um, portanto, tinha razão. Fiquei confuso desta dupla existência da verdade.*
>
> Fernando Pessoa (epígrafe em DaMatta, 1979)

Nos anos 50 parecia viver-se o verdadeiro sentido de permanência, com papéis sociais bem definidos, a esposa cuidando do lar e, conseqüentemente, da alimentação de toda a família. Já a década de 70 foi um tempo de rompimentos, de libertação, de quebra de guias de comportamento. O desenvolvimento da comida industrializada liberava a mulher para assumir outros papéis. Mais recentemente, talvez a partir dos anos 90, surgem sinais de uma redescoberta ou reinvenção de antigas regras e hábitos relacionados aos alimentos. A essa busca de um sentido maior de permanência foram incorporadas, porém, ao longo de décadas, inovações da indústria de alimentos, de outras indústrias complementares e dos meios de comunicação.

Hoje parece haver uma tentativa de recompor o universo social e emocional da família, que janta diante da televisão mas procura compartilhar aquele momento, que vai ao McDonald's nos fins de semana embora a escolha dos pais fosse um serviço *a la carte*. Percebe-se um ressurgimento de valores, mas com modificações inevitáveis. Não se podem simplesmente comparar os hábitos alimentares das famílias de hoje com os das diferentes famílias de orientação. São outros núcleos, em outro tempo. O que muda? O que permanece? O que se luta para manter em termos de hábitos alimentares?

De mais novo, com certeza, há mais informações sobre o valor nutritivo dos alimentos, suas associações com saúde, doenças e outros riscos. De mais velho, a história, os vários significados sociais e culturais passados através dela. As 29 mulheres entrevistadas neste estudo indicam que as refeições são ainda essenciais para unir a família e estabelecer laços sociais.

Do "básico" ao complexo

Comer é a parte mais fácil. E o que está "em torno" do ato de comer? São conceitos e sentimentos complexos, de difícil interpretação. São motivações, influências, hábitos, preferências e riscos percebidos, que se somam e se misturam, tornando o consumo de alimentos, o ato de cozinhar e o ato de comprar atitudes de múltiplos significados – além do objetivo básico de matar a fome. Aliás, *básico* é uma palavra freqüentemente pronunciada pelas entrevistadas quando descrevem a alimentação do dia-a-dia de suas famílias. De imediato, sempre se lembram do *básico*. A sensação inicial é de que a entrevista vai terminar ali, no *tudo muito básico*.

No entanto, a narrativa em geral cresce e as mulheres se soltam. Falam de alegrias e angústias, de prazer e saúde, de motivações e riscos, de uma complexa gama de trocas comerciais, diferenciações sociais e subculturas nacionais. Falam sobre alimentos e através deles também.

As associações com palavras mostram, de forma mais específica, como é falar através dos significados dos alimentos, que provocam reações e sentimentos surpreendentes. Como o chocolate, que é uma *tentação*, mas que também pode *acalmar*. Ou o hambúrguer, que é um *veneno*, mas que lembra os fins de semana, o lazer. São exemplos da existência de "duplas verdades", que confundem, como na história contada por Fernando Pessoa.

O comportamento cultural muitas vezes se confunde com necessidade biológica: *não fico sem pão, ele não fica sem carne, ela não come sem feijão*. Os alimentos vão penetrando nas culturas e se tornando parte importante de seu simbolismo: o "café da manhã", o "feijão com arroz", o "bife com batata frita", o "churrasco" das comemorações. São marcas sociais e culturais. Assim aprendeu-se a falar, assim aprendeu-se a comer, desde a infância.

Cabe relatar como é comum a referência ao alimento no seu diminutivo: um *feijãozinho*, um *arrozinho*, uma *carninha*, um *leitinho*, um *cafezinho*, o que parece ser uma maneira de mostrar proximidade e carinho. Será que tantas novidades que surgem no setor alimentar podem ser simplesmente misturadas a hábitos alimentares aprendidos e construídos?

Rituais de domínio

Alimentar a família, para as entrevistadas, não é apenas a função de fazer a comida, mas também as de comprar alimentos, controlar o que é feito, decidir o cardápio e educar os filhos, entre outras. Mesmo com muitas reclamações sobre o árduo trabalho de alimentar a família, as esposas e mães mostram, em vários momentos, que assumem esse papel não porque se sentem compelidas ou obrigadas, mas porque percebem valor e importância no trabalho de "cuidar". Em muitos depoimentos elas reconhecem a importância de atender ou servir ao marido ou aos filhos – *ele gosta assim, ele só come assim* – o que sugere que, por serem "o homem" e "os filhos", eles devem receber atenção e tratamento diferenciado em relação a quem assume a função de "cuidar".

Cozinhar, servir e comer podem ser vistos também como rituais de domínio e deferência, que comunicam relações de poder: *eu deixei, eu cortei, eu tranquei, não pode* e *só pode* são algumas das expressões usadas pelas entrevistadas para indicar o domínio e a deferência. Mesmo que os homens estejam começando a assumir mais funções domésticas e culinárias, parece difícil imaginar que o façam com a intenção ou o cuidado de servir à esposa ou aos filhos. Esta alternativa não está no imaginário cultural das atividades próprias dos homens, mas, sim, relacionada às mulheres.

Os homens cozinham em restaurantes e recebem uma contrapartida monetária pela função, mas não cozinham em casa para *cuidar* da família. Essa função é das mulheres. Em casa, o homem cozinha numa emergência, como *hobby* ou algo especial: *às vezes, se chega mais cedo em casa, vai para a cozinha.* Assim como, muitas vezes, ele cuida dos filhos mais como uma atividade de recreação e prazer do que pela obrigação de cuidar. Ou seja, as diferenças quanto ao trabalho doméstico estão dentro e fora da cozinha.

Novos papéis e contradições

As entrevistadas demonstram gostar de falar sobre o tema proposto. Gostam de falar de um trabalho muitas vezes quase invisível, quase sempre inacabado, mas que produz "família". Falam também, às vezes em tom de reclamação, às vezes em tom de culpa, da expectativa cultural de que sejam associadas às comidas de suas famílias, sugerindo que não só a família núcleo tem essa expectativa, como também as famílias de orientação.

As sogras, tanto quanto as mães, aparecem como parte dessa expectativa criada, o que corresponde ao estereótipo popular da figura da sogra – a sogra da mulher – que sofre com a perda do filho para a nora, preocupa-se com a alimentação dele no novo lar e, evidentemente, rivaliza-se com a nora nas tarefas domésticas.

Uma certa rivalidade é demonstrada também no relacionamento com a empregada doméstica, que é objeto tanto de elogios culinários quanto de disputas de controle e comando do cardápio alimentar.

Novos papéis são assumidos. As mulheres trabalham fora em tempo integral ou parcial, ao mesmo tempo que cumprem os papéis tradicionais femininos no lar. No entanto, parecem inseguras quanto a esta multiplicidade de papéis. Parecem se sentir meio fora do caminho historicamente traçado para as mulheres no lar. Quando falam das práticas alimentares, mostram-se preocupadas, por exemplo, em causar uma impressão de falta de cuidado em relação às suas casas ou às suas famílias. Talvez tragam um peso de gerações anteriores que atribuíram a elas o papel de servir e alimentar os outros.

Contradições parecem ser ampliadas pelo ambiente social. Se as mulheres apostam na carreira, estão negligenciando a família e o trabalho doméstico. Se elas se dedicam à família e ao trabalho doméstico, são muitas vezes cobradas por terem abandonado a carreira e por serem dependentes financeiramente dos maridos. Em qualquer das situações parecem exaustas e estressadas, mas mesmo assim mostram, muitas vezes, que a possibilidade de conflito faz com que prefiram assumir as funções a ter que negociar, por exemplo, com os maridos, uma divisão de trabalho na cozinha.

Saúde e estética

Preocupações com peso e, conseqüentemente, restrições a comer são manifestadas como sofrimento, mas às vezes com certo conformismo: *tem que ser*, sem muito questionar o porquê. Algumas mulheres sofrem porque conseguem mudar seus hábitos mas não os hábitos dos filhos e do marido. Então sofrem por presenciarem uma alimentação pouco saudável na família, e mais: por serem, em geral, as primeiras responsáveis pela alimentação da família e não conseguirem impor ou mesmo influenciá-la a adquirir hábitos alimentares melhores para a saúde e para a estética, como gostariam.

As novidades *diet* e *light* atraem essas mulheres insatisfeitas com seu peso. Como administrar as novidades anticalóricas que invadem supermercados com as frituras e guloseimas pedidas pelos filhos? Todas reconhecem o exercício físico como importante para a saúde, mas poucas se exercitam. As informações que elas recebem sobre maneiras de controlar ou diminuir o peso parecem focadas em dietas, e não em exercício físico: *estou de dieta, vivo de dieta, estou fazendo Vigilantes de Peso, estou fazendo a dieta da proteína* versus *estou planejando entrar na academia, está faltando fazer exercício, um dia vou ter tempo.*

Tradição x modernidade

Os alimentos ocupam um papel central na vida de todas as entrevistadas embora elas pareçam, muitas vezes, não ter consciência disso. Pode-se concordar com aqueles autores que afirmam que a tecnologia tem alterado a relação das pessoas com os alimentos, mas os testemunhos mostram, em geral, que os alimentos não passaram a ter um significado menor na vida das pessoas por causa do forno de microondas, do *freezer*, dos pratos pré-prontos. Os significados dos alimentos mudam, com certeza, de forma mais lenta que as transformações tecnológicas ou dos meios de comunicação.

Outra interpretação das relações das entrevistadas e, quem sabe, de brasileiros com os alimentos pode ser feita a partir da observação de sua convivência com valores modernos sem, entretanto, abandonarem um conjunto de práticas tradicionais que continuam influenciando e, às vezes, comandando a relação com o que se come no dia-a-dia ou nas comemorações. Ampliando a interpretação da amostra pesquisada para o país, o Brasil, diferentemente de outros países ocidentais, nunca realizou plenamente a modernidade. Como questionam alguns antropólogos e sociólogos, onde podemos localizar a sociedade brasileira? Talvez, como uma sociedade "semitradicional".

Mas, o que é uma comida semitradicional? Seria possível defini-la? A partir dos depoimentos das entrevistadas não se podem identificar nem pratos nem relações "semitradicionais" nos hábitos alimentares das famílias. Podem-se, no entanto, localizar relatos de momentos mais tradicionais ou mais modernos nos atos de comprar, cozinhar, comer e nas maneiras de se relacionar.

Um discurso, várias classes

Quando as entrevistadas abordam as práticas alimentares da família, parece difícil para elas falar de escolhas definitivas e alternativas excludentes. As mulheres falam mais das composições possíveis, não apenas as de pratos, como principalmente as composições das relações sociais envolvidas e as inúmeras variáveis que circundam as práticas alimentares, e as influenciam.

Aqueles autores que se ocuparam em pensar a sociedade pós-moderna e suas transformações mais recentes, e que chamaram ambas – sociedade e transformações – de descontínuas e radicais, provavelmente não estavam pensando em setores como o dos alimentos. Hoje, a produção industrial de alimentos gera, por um lado, inúmeros confortos e, por outro, maior preocupação com a segurança dos alimentos, como no caso dos transgênicos, lembrados por várias entrevistadas, de forma confusa. Os transgênicos são uma expressão da sociedade de risco: são apresentados como uma inovação para o bem e, também, como uma inovação de conseqüências indefinidas, ou seja, uma inovação que envolve riscos e incertezas.

As informações parecem chegar de forma atabalhoada, e talvez sejam tantas que as entrevistadas demonstram dificuldade de lembrar: *eu acho, ouvi não sei onde, não tenho certeza*. Mas as informações chegam. Em todas as classes sociais as mulheres mostram ter consciência do importante papel dos alimentos na saúde, ou dos alimentos inadequados que podem provocar doenças. No entanto, saber não é poder mudar hábitos alimentares. A teoria parece ser outra na prática, ou seja, o que é mais determinante na prática dos alimentos são as preferências e as combinações rotineiras aprendidas. Essa maior consciência leva as mulheres a uma angústia sobre o que fazer com o que já sabem.

Os depoimentos sugerem que, quando se pensa em alimentos e tecnologia não se pode radicalizar, nem considerar possibilidades de descontinuidades bruscas. O conjunto das informações coletadas nas entrevistas sugere, sim, dúvidas, inseguranças, ambivalências, conflitos, o que parece gerar comportamentos de compra e consumo relativamente conservadores em relação às tradições de hábitos alimentares.

O poder de penetração dos meios de comunicação e, particularmente no caso do Brasil, da televisão parece igualar, pelo menos no discurso, os hábitos alimentares de diferentes classes sociais ou de diferentes tribos sociais. O que determina a posição social ou o desejo de pertencer a outra posição social? Nos detalhes, percebem-se algumas diferenças entre classes mais altas e mais baixas, mas na rotina dos alimentos os discursos são bastante semelhantes – embora as quantidades e condições possam ser imaginadas distintas.

A pergunta *Qual é o seu almoço?* pode ser interpretada pelas entrevistadas como: *Como você gostaria que fosse seu almoço todo dia?* Arroz, feijão, carne e salada são o "básico", a rotina de todas. No entanto, alguns comentários paralelos evidenciam – o que já se imagina – que nas classes mais baixas nem sempre se tem carne, mas ovo ou salsicha como substitutos mais baratos. Já nas classes mais altas, legumes, verduras e frutas estão no discurso do desejável todo dia, mas parecem não estar, muitas vezes, na prática. Ao longo da conversa muitas entrevistadas acabam dizendo que o marido e os filhos não gostam dessas categorias saudáveis.

Saúde x cultura

Os franceses ensinam sobre a importância e charme da variedade dos alimentos. Os americanos estão obcecados por saúde. E os brasileiros? Parecem estar sendo influenciados pelas duas correntes. As mulheres mostram saber a importância da variedade e sempre, em seus relatos, associam os alimentos à saúde. Só que, enquanto suas mentes estão sendo informadas, sua prática e a da família estão descoladas do que elas sabem.

A prática se liga, principalmente, à história, ao que a cultura construiu, ao prazer, e não ao que deveria ser feito ou comido. São preferências que não podem ser tratadas com desdém, não por quem "cuida". Frituras, por exemplo, são reconhecidas como sendo muito "do mal", mas estão lá, pois também representam a preferência. Logo, *de vez em quando não faz mal, só em excesso faz mal* ou, em outras palavras, não pode faltar o carinho de atender a preferências e combinações costumeiras. O carinho de atender ao prazer parece superar os padrões de uma alimentação saudável.

Não faltam referências às tradições quando as entrevistadas falam tanto da comida do dia-a-dia quanto da comida das comemorações. Os produtos alimentares, por si só, não substituem o lado humano das relações e das influências que envolvem as atividades ligadas aos alimentos. Muitas vezes, o dinheiro contribui para a construção de identidades e para a conquista de *status* – os restaurantes são uma possibilidade deste tipo de conquista, assim como a compra de itens importados. Mas essa é uma pequena parte de um mundo descrito mais em forma de rotinas do que de exceções.

O risco do sabor

Novos produtos e serviços que interferem no ambiente culinário (supermercados virtuais, microondas, *delivery*), e que parecem ter o intuito de liberar esposas e mães de algumas obrigações, não atuam de forma a compensar preocupações com os alimentos das famílias, e talvez tenham criado mais ansiedades. De um lado pode estar a praticidade dos produtos industrializados e dos pratos pré-prontos ou congelados, mas de outro acumulam-se dúvidas e desconfianças. Como foram feitos? O que contêm? Conservantes? Estabilizantes? Será que ficaram no *freezer* o tempo todo?

Diferentes canais de informação sugerem que se deve comer variedade de frutas, verduras, carnes. As mães estão convencidas de que os filhos precisam comer esses alimentos e da necessidade de variar. A variedade é, em geral, associada a escolha, liberdade e controle pessoal. No entanto, não fica claro o que essas consumidoras entrevistadas fazem, ou sentem, em relação à crescente variedade de produtos disponíveis nos supermercados. Parece ser atribuído um certo *status* àquelas pessoas consideradas inovadoras, que gostam de estar em dia com as novidades, mas isso não se aplicaria aos alimentos, pois a novidade está associada a riscos, e o principal deles é o sabor, ou seja, o não gostar.

Existem já muitos sabores aprendidos e eleitos como superiores, e que não são voláveis como a moda de verão ou inverno. São sabores com significados sociais, são itens culturais. As crianças pedem para comprar o que vêem na televisão e os adultos se confessam influenciáveis pela ilusão de embalagens, propagandas e promoções, mas não são capazes de lembrar adoções recentes de alimentos realmente novos no mercado.

A variedade de lançamentos parece obscurecer o conservadorismo e a padronização relatados neste estudo em relação às dietas alimentares nas rotinas, e também às comemorações. A mídia de massa traz as imagens, promovendo a cultura de consumo, mas são superfícies, e não raízes dos hábitos alimentares.

É verdade que muitas regras culturais e sociais tornam-se mais indefinidas. A *nouvelle cuisine* é um exemplo da flexibilidade de regras associadas à culinária. Pode-se observar, também, a crescente informalidade dos hábitos alimentares, como, por exemplo, em relação a como e onde comer. No entanto, a informalidade não necessariamente está associada a uma mudança nos valores mais profundos associados à alimentação. No lado mais interno ou íntimo dos relatos está o conforto da familiaridade do "feijão com arroz", ou do "macarrão com carne moída" em casa. E por outro lado, na rua, está o McDonalds, onde já se sabe tudo que é vendido, onde tudo é servido da mesma maneira, em ambientes com decorações semelhantes. O que escolher? A familiaridade ou a mudança?

Mesmo com as indeterminações do mundo natural, pode ser percebida uma busca de permanência de determinados valores – nutritivos, sociais ou culturais – nos alimentos consumidos. As entrevistadas fazem tentativas de impor ordem e coerência à realidade alimentar de suas famílias. As narrativas mostram um comportamento sistemático em relação à escolha de alimentos, sejam eles consumidos em casa ou na rua. No entanto, há sinais de uma grande insatisfação nessa busca de ordem e coerência, e um grande desejo de mudar, provavelmente para opções mais saudáveis.

Controladoras da alimentação

As entrevistadas assumem diferentes identidades quando se referem a consumo de alimentos: quando falam dos filhos, são as mães zelosas e preocupadas com a alimentação deles; quando falam dos maridos, também assumem muitas vezes o papel de mãe, embora os descrevam também como companheiros em relações de parceria.

O controle das normas e regras alimentares está com elas, que procuram determinar os alimentos dos filhos e do marido, bem como o cardápio preparado pela empregada. Essa tentativa de controle se mistura, no entanto, com afetos e culpas, e com o conhecimento de que, por exemplo, os filhos só comem o que gostam, os maridos podem comer o que gostam na rua e as empregadas farão o que acham melhor para elas próprias ou o que agrada mais às crianças se a patroa não estiver em casa. Qual é esse controle, então?

Embora, nos relatos, as mulheres pareçam ser determinantes em relação a vários aspectos, é evidente que o consumo de alimentos é um fenômeno de grupo, e principalmente do grupo família. Algumas entrevistadas se mostram tão preocupadas com a alimentação dos filhos que se esquecem de falar de si mesmas e dos maridos. Em alguns casos, tudo que diz respeito aos hábitos alimentares da família parece ser determinado pelos filhos: o cardápio, o comer fora, a compra de novos alimentos.

Com a crescente fragilidade dos relacionamentos entre homens e mulheres, aumenta o poder dos filhos na decisão de consumo das famílias. A taxa de natalidade no Brasil está caindo, mas a importância dos filhos está aumentando. Cabe observar que se fala de uma sociedade em que predominam vontades particulares em vários níveis sociais, o que não seria diferente na família, o núcleo de maior força na sociedade brasileira, e que parece fornecer um modelo de composição social que se propaga para outros grupos.

Duplas verdades

O estudo sugere que o consumo de alimentos não é estabelecido por uma relação custo-benefício das escolhas, mas, sim, por experiências adquiridas com o consumo passado e presente. O preço dos alimentos quase não é lembrado nos depoimentos. Sua importância é, com certeza, real, mas é também camuflada por inúmeros significados emocionais e diversas outras preocupações. O produto é caro? O produto é perigoso? As mulheres entrevistadas se mostram conscientes das situações de riscos e conflitos, ou seja, das ambivalências em relação aos alimentos. Elas falam das informações que chegam principalmente por canais de comunicação de massa. Televisão, jornais e revistas trazem tanto mensagens sedutoras de consumo quanto mensagens de alerta sobre os perigos que rondam suas mesas.

Mesmo que se acredite que os hábitos alimentares mudam mais lentamente que outros hábitos de consumo, eles não estão inseridos em categorias imutáveis e geram, muitas vezes, não apenas duplas verdades, que confundem, mas também verdades que se modificam. Um exemplo é a margarina, que era considerada mais saudável que a manteiga – que tem mais gordura e aumenta o colesterol – mas hoje divide opiniões. Muitos consideram que a margarina tem componentes cancerígenos em sua composição e que a manteiga tem uma composição mais natural, sendo, portanto, mais saudável.

Outro exemplo é a carne vermelha e sua inserção nos hábitos alimentares dos brasileiros. A carne vermelha do prazer e dos churrascos é muitas vezes lembrada como um item da alimentação cujo consumo nas famílias as mulheres estão procurando diminuir, ou têm a intenção de fazê-lo. Além disso, muitas desconfianças – até sobre a origem e a distribuição da carne vermelha – são manifestadas na pesquisa. Quando será que a lógica do risco vai superar a lógica do prazer? Teria o prazer uma lógica? Não estaria o prazer distante de algo lógico e próximo de algo mais instintivo e impulsivo?

Em se tratando de comportamentos distintos, é importante considerar a oposição entre tradição e novidade. As pessoas gostam de manter uma alimentação tradicional provavelmente porque apreciam seu sabor, ou mesmo porque é mais fácil e simples consumir o habitual. No entanto, a busca de novidades no consumo de alimentos é uma característica da atualidade. Estas são perspectivas, de certa forma, opostas.

As entrevistadas mostram-se em geral bastante conservadores em relação aos hábitos alimentares de suas famílias, sugerindo que o sabor não é apenas o principal determinante da rotina, mas também um empecilho à compra e à adoção de novidades. O apego demonstrado ao feijão com arroz é um exemplo claro desse conservadorismo, ou da tentativa de manter a estabilidade dos padrões alimentares mais tradicionais. As novidades parecem atrair, mas os relatos indicam que dificilmente são incorporadas aos hábitos de compra e consumo, ou seja, são mencionadas mais como tentativas, e não podem ser consideradas verdadeiras antíteses da estabilidade dos padrões alimentares.

Implicações: além do racional

Acredita-se que se fosse apresentado um questionário estruturado com perguntas sobre a disposição ou a prática de incorporar novidades, as respostas seriam de mulheres muito mais inovadoras do que demonstram os relatos colhidos a partir de entrevistas em profundidade. O processo de ida e vinda nas entrevistas mais longas propicia maior proximidade entre entrevistado e entrevistador e, conseqüentemente, a possibilidade de surgirem contradições nos discursos apresentados. Seria interessante construir questões fechadas e realizar um estudo quantitativo para verificar essa suposição, isto é, verificar o desejo de um posicionamento ou imagem inovadora *versus* o desejo de permanência de hábitos alimentares tradicionais.

Uma das implicações para empresas ou instituições que têm a intenção de modificar hábitos alimentares é que estas não podem, por razões culturais e históricas, achar que consumidores seguem uma seqüência de comportamentos previstos por motivos que estariam, principalmente, no plano racional.

Neste estudo, são observados alguns casos de mulheres que não associam a união da família ao evento "comer fora" e, além disso, consideram os filhos perturbadores do evento. No entanto, predominam os relatos de entrevistadas que consideram "comer fora" uma possibilidade de reunir e compartilhar o momento com a família. A refeição familiar muda da *casa* para a *rua*, mas é a refeição conjunta da família.

Para aqueles que chegam a considerar o ato de comer fora um ato narcisista, ou seja, em que as pessoas querem ser observadas, vale ressaltar que, neste estudo, essa motivação aparece apenas como exceção, em um só caso. Mesmo considerando que as pessoas possam ter dificuldade de assumir que comem fora para serem olhadas, outros motivos apontados não estão associados a atitudes narcisistas, tais como sair da rotina, evitar o trabalho doméstico e buscar algo especial e diferente.

Sugere-se que outras variáveis de estilo de vida possam se juntar ao hábito ou não de comer fora para que se faça uma discriminação de grupos de consumidores e de motivações relacionadas ao evento ou ritual. O tema "comer fora" merece um estudo mais focado, pois não são apenas prestadores de serviços – como restaurantes, lanchonetes e bares – que dele se beneficiariam, mas também indústrias fornecedoras ligadas a esses serviços.

Embora a metodologia adotada – entrevistas em profundidade – não se proponha a qualquer tipo de generalização, os testemunhos indicam claramente que as mulheres assumem novos papéis. A grande maioria delas – que trabalha fora – mostra que esses novos papéis trazem conflitos, como, por exemplo, a falta de controle sobre a alimentação da família e, muitas vezes, sobre sua própria alimentação. As evidências não parecem sustentar a redivisão do trabalho doméstico, pelo menos na cozinha, com o marido ou mesmo com filhos, como é sugerido por alguns autores, pelo menos em se tratando de cultura brasileira. Apenas a forte associação das mulheres à responsabilidade com os alimentos pode ser reforçada por vários depoimentos.

Prazer e preocupação se misturam

As mulheres entrevistadas sinalizam que conhecem os conteúdos e práticas alimentares mais saudáveis. No entanto, mostram, ao mesmo tempo, dificuldades, tanto para praticar quanto para influenciar filhos, maridos e as empregadas que as auxiliam a seguirem uma alimentação mais adequada para a saúde e a estética.

Cabe observar que é difícil detectar esse tipo de conflito em metodologias mais fechadas. Trata-se de tema que envolve uma riqueza de detalhes e seriam recomendáveis novos estudos para detalhar os papéis de mulheres, maridos e filhos não apenas na relação com as práticas alimentares, como também em outros tipos de rotinas domésticas. Percepções e hábitos alimentares de diferentes composições familiares poderiam ser também analisados, já que este estudo opta por entrevistar famílias com filhos. O que seria diferente na análise de casais sem filhos ou daqueles que vivem sozinhos?

Os testemunhos se mostram bastante variados em relação aos diversos aspectos abordados nas entrevistas. No entanto, as lembranças, os prazeres, os afetos e as emoções podem ser resgatados, de alguma maneira, em todas as entrevistas realizadas. Tanto as lembranças das famílias quanto a história e a formação da cultura merecem destaque quando o tema é consumo de alimentos. Esse realce é tão marcante que se sugere a realização de estudos específicos sobre o tema. Conhecer com mais profundidade a influência de emoções e afetos nos hábitos alimentares pode ser útil a instituições e empresas que se interessem, por exemplo, em iniciar processos de adoção de novos alimentos, ou em falar mais de perto com consumidores.

As informações obtidas a partir desta pesquisa buscam um detalhamento que, acredita-se, serve como diferencial no estabelecimento de relacionamentos entre empresa e consumidores e, principalmente, nos processos para obtenção de fidelização do cliente.

O "cuidar", quando o tema é consumo de alimentos, tem a ver com carinho, história, cultura, mas também com preocupação com saúde ou prevenção de possíveis doenças. Os relatos mostram que o conhecimento das entrevistadas sobre adequação ou inadequação dos alimentos provoca, muitas vezes, um choque entre, de um lado, seus afetos e suas emoções e, do outro, questões relativas à saúde. Mas, dentro da cultura do *jeitinho brasileiro*, como é possível considerar inadequados aqueles alimentos que estão dentro da taxonomia cultural e que são os preferidos de todos?

A simbiose entre as manifestações de prazer com os alimentos e as manifestações de preocupação com a saúde relacionada a consumo de alimentos é, às vezes, tão grande, que fica difícil separar, nos discursos, a saúde e o prazer. Eles se misturam. Isso parece acontecer, também, devido a novos conceitos e simbolismos de saúde assumidos pelas sociedades, e que diluem a dualidade saúde/doença.

Instituições e empresas ligadas ao consumo de alimentos devem ter cuidado com esse tipo de conflito ao posicionarem seus produtos no mercado e, principalmente, ao planejarem suas comunicações com os consumidores. Explorar o significado da saúde com maior profundidade e tentar diferenciar grupos de consumidores em relação às suas percepções do conceito de saúde podem ser iniciativas importantes não apenas para empresas de alimentos que se preocupam em desenvolver produtos considerados saudáveis, como também para profissionais ligados às áreas de nutrição, saúde pública e a diferentes especializações da medicina.

Em se tratando de processos de difusão e adoção ou rejeição de um novo produto, ou seja, de um novo alimento, este estudo

143

reforça que esses processos se associam a mudanças na sociedade e na economia. Cabe lembrar, no entanto, que a tradição e o conservadorismo da mesa brasileira podem ser obstáculos à adoção de novos alimentos, ao mesmo tempo que a busca por novidades é uma característica do consumo pós-moderno. As mulheres compram, experimentam novidades, mas não admitem, em geral, adotá-las ou integrá-las a sua rotina alimentar, ou seja, adotam-nas parcialmente.

Muitos exemplos relatados pelas entrevistadas indicam que as características sociais, culturais, econômicas e históricas podem influir no padrão de adoção de um produto. Em se tratando de um país com a diversidade do Brasil, recomendam-se pesquisas sobre possíveis padrões de adoção nas diferentes subculturas brasileiras. Outra sugestão é uma comparação entre padrões de adoção de diferentes categorias de produtos alimentares.

Busca de relacionamentos duradouros

Quando as entrevistadas falam de seus medos e dos riscos que percebem nos alimentos que a família consome, mostram ter consciência de que vivem numa sociedade de risco e, intuitivamente, nas entrelinhas de seus discursos, indicam reconhecer na tecnologia dos alimentos a origem dos riscos e medos. Mas as emoções, as lembranças e os prazeres associados aos alimentos consumidos parecem ofuscar as informações sobre o perigo de alimentos que estão muito inseridos na cultura e na rotina.

Algumas declarações soam como desculpas encontradas para o consumo arriscado daquela comida habitual e prazerosa – que não é associada a riscos e medos – o que indica que a consumidora lida apenas com os riscos que percebe, ou, como poderia ser complementado, com os riscos que quer perceber.

A percepção de riscos relacionados ao consumo de alimentos constitui tema ainda inexplorado, principalmente numa perspectiva sociocultural. Os alimentos naturais e industrializados e as diferentes tecnologias a eles associadas estão sendo mais questionados e criticados. Conhecer com mais profundidade medos e riscos percebidos pelos consumidores em relação às práticas alimentares poderá ser de grande valia para empresas interessadas em desenvolvimento tecnológico e, ao mesmo tempo, em evitar a descontinuidade que este mesmo desenvolvimento tecnológico pode provocar nos valores que os consumidores parecem estar procurando preservar.

Existe ainda um enorme campo para a análise do comportamento do consumidor de alimentos. Análises podem escolher como foco aspectos sociais, culturais, econômicos, históricos, biológicos ou nutricionais. No entanto, como pode ser observado neste estudo, essas áreas de conhecimento sempre se tocam quando o tema é consumo de alimentos ou, dito de uma outra maneira, elas atravessam o tema.

A produção, o processamento, a distribuição e o varejo de alimentos são áreas de atividade que devem estar atentas ao que análises com abordagens mais sociais, culturais e históricas podem oferecer em termos de novos conhecimentos. Além dessas atividades, cabe mencionar o interesse de fazendeiros, gerentes de supermercado, profissionais de marketing, profissionais ligados a tecnologia e outros que podem criar ou aumentar sua sensibilidade em relação ao comportamento do consumidor de alimentos. Nestes casos, fala-se, principalmente, de interesses comerciais associados ao consumo de alimentos.

As dimensões políticas do sistema alimentar também representam uma área fértil para estudos. O papel do Estado nesta área de conhecimento tem, em geral, crescido, com o objetivo de sugerir dietas à população que melhorem sua saúde. A questão ética é importante ponto de controvérsias e debates entre interesses privados e públicos no consumo de alimentos.

A compreensão e a utilização prática dos detalhes fornecidos por este estudo de comportamento do consumidor de alimentos abrem, com certeza, a possibilidade de maior proximidade de empresas e instituições com consumidores, e podem ser de grande auxílio na busca de relacionamentos duradouros.

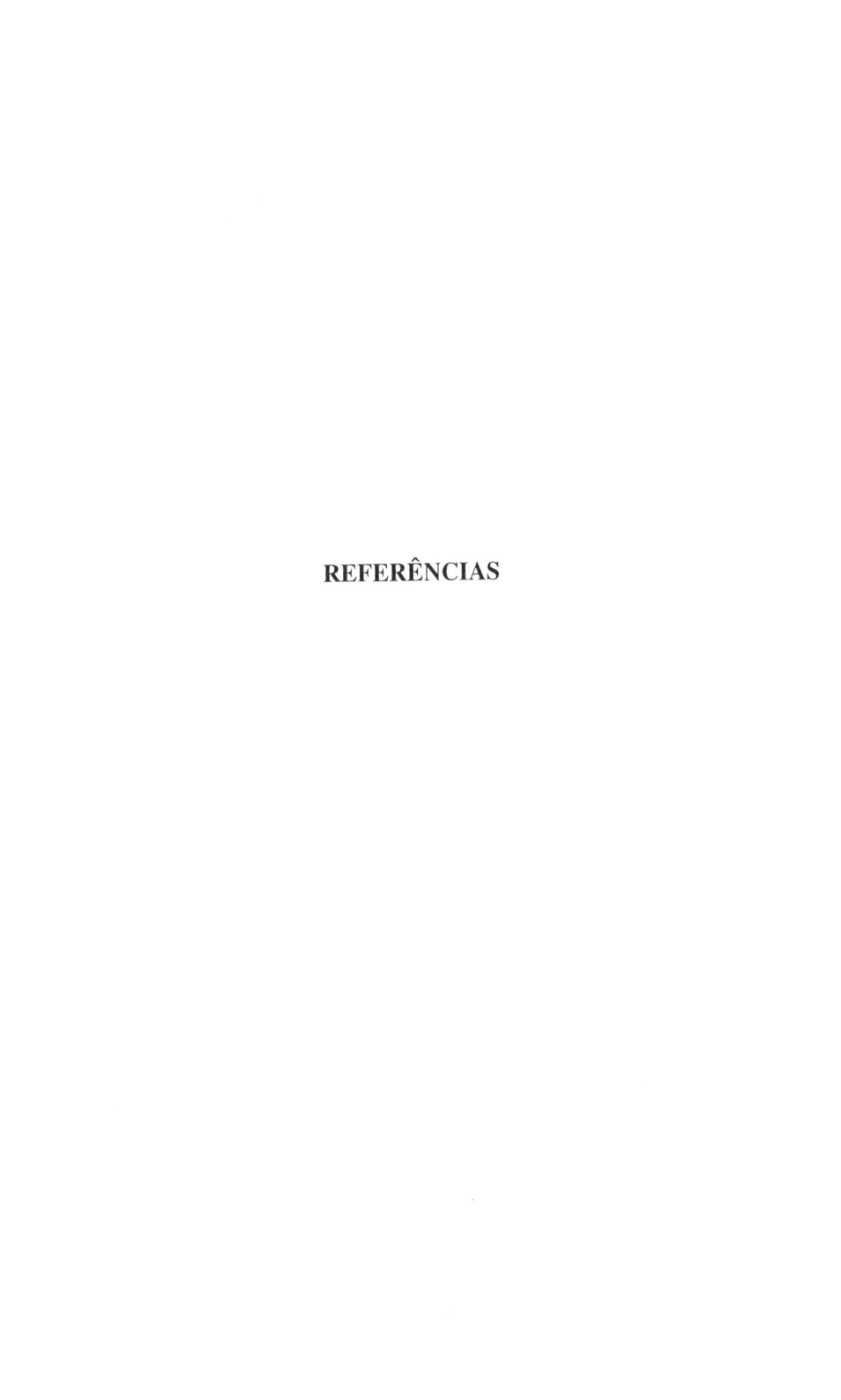

REFERÊNCIAS

Referências

ACKERMAN, D. **Uma história natural dos sentidos**. Rio de Janeiro: Bertrand Brasil, 1992.

ALBANOZ, C. **Da Realização de Homem/Mulher**: Uma Relação em Mudança. In: ALBANOZ, C., KÜHNER, Maria Helena (Org.). **Homem /Mulher:** uma relação em mudança. Rio de Janeiro: Centro Cultural do Banco do Brasil, 1994.

ALBANOZ, C; KÜHNER, M. H. (org.). **Homem /Mulher:** uma relação em mudança. Rio de Janeiro: Centro Cultural do Banco do Brasil, 1994.

ALLENDE, I. **Afrodite**: Contos, Receitas e Outros Afrodisíacos. Rio de Janeiro: Bertrand Brasil, 1998.

AMATO, P. R., PATRIDGE, S. A. The New Vegetarians: Promoting Health and Protecting Life. New York: Plenum Press, 1989. *Apud* BEARDSWORTH, A., KEIL, T. **Sociology on the Menu:** an invitation to the study of food and society. New York: Routledge, s.d.

APPADURAI, A. Consumption, duration and history. **Stanford Literature Review**, v.10, p.11-33, 1993.

ARIÈS, P. **História Social da Criança e da Família**. Rio de Janeiro: Guanabara, 1978.

BARBOSA, L. **O Jeitinho Brasileiro**: a arte de ser mais igual que os outros. Rio de Janeiro: Campus, 1992.

BARTHES, R. Towards a Psychosociology of Contemporary Food Consumption, 1961. In: COUNIHAN, C.; VAN ESTERIK, P. (Eds.) **Food and Culture: A Reader**. London: Routledge, 1997.

BAUER, R. A. Consumer Behavior as Risk Taking. In: HANCOK, R.S. (Ed), Dynamic marketing for a changing Worls. **Proceedings of the 43rd Conference of the American Marketing Association**, p. 389-98, 1960.

BAUDRILLARD, J. **O Sistema dos Objetos**. São Paulo: Perspectiva, 1973.

BEARDSWORTH, A.; KEIL, T. **Sociology on the Menu:** an invitation to the study of food and society. New York: Routledge, 1997.

BECK, U. **Risk Society Towards a New Modernity**. London: Sage, 1992.

BEIL, S. I. O Padrão Alimentar Ocidental: considerações sobre mudanças de hábitos no Brasil. **Revista do Núcleo de Estudos e Pesquisas em Alimentação [do NEPA/UNICAMP], Cadernos de Debate**, v. 6, 1998.

BELL, D.; VALENTINE, G. **Consuming Geographies:** we are what we eat. London: Routledge, 1997.

BERTAUX, D. L'approach biografhique, as validitè méthodologique, ses potecialitès. **Cahiers Internationaux de Sociologie**, v. XIX, juillet/décembre, PUF, Paris, 1980.

BETTMAN, R. J. Perceived Risk and Its Components: a Model and Empirical Test. **Journal of Marketing Research**, v. 10, p.184-90, May, 1973.

BOOTH, D. Waist not, want not. In: GRIFFTHS, S., WALLACE, J. (Eds.) **Consuming Passions**. Manchester: Manchester University Press, 1998. p.93-103.

BORDO, S. Anorexia Nervosa: Psychopathology as the Crystallization of Culture p. 226-250, 1985. In: COUNIHAN, C.; VAN ESTERIK, P. (Eds.) **Food and Culture: A Reader**. London: Routledge, 1997.

CABRAL DE MELLO, E. Raízes [da alimentação] do Brasil. **Folha de São Paulo**, 28 maio, 2000. Caderno Mais, p.5-10.

CÂMARA CASCUDO, L. **História da Alimentação no Brasil.** São Paulo: Editora da Universidade de São Paulo, 1983.

DAMATTA, R. **A Casa & Rua**. Rio de Janeiro: Rocco, 1979.

DAMATTA, R. **O que faz o brasil Brasil?** Rio de Janeiro: Rocco, 1984.

DAMATTA, R. **Torre de Babel**: Ensaios, crônicas, críticas, interpretações e fantasias. Rio de Janeiro: Rocco, 1996.

DEJONG, W. The stigma of obesity: the consequences of naive assumptions concerning the causes of physical deviance. **Journal of Health and Social Behavior**, v.21, p.75-87, 1980.

DELPHY, C. Sharing the Same Table: Consumption and the Family, 1979. In: HARRIS, C. (Ed.) The Sociology of the Family: New Directions for Britain. **Sociological Review Monograph**, University of Keele , n.28, s.d.

DEVAULT, M. Conflict and Deference. In: COUNIHAN, C.; VAN ESTERIK, P. (Eds.), **Food and Culture: A Reader.** London: Routledge, 1997.

DICKSON, R.; LEADER, S. Ask the family. In: GRIFFITHS, S., WALLACE, J., (Eds.) **Consuming Passions**: Food in the Age of Anxiety. Manchester: Manchester University Press, 1998. p. 122-132.

DIETA infantil: a criança gordinha tem chance de ser um adulto obeso. **Veja,** p.106-107, 3 fev. 1999.

DOUGLAS, M. Coded Messages. In: GRIFFTHS, S.; WALLACE, J. (Eds.) **Consuming Passions**. Manchester: Manchester University Press, 1998.

DOUGLAS, M. Les Structures Du Culinaire. Communications, v. 31, p.145-70, 1979. *Apud* BELL, D.; VALENTINE, G. **Consuming Geographies:** we are what we eat. London: Routledge, 1997.

DOUGLAS, M.; WILDAVSKY, A. **Risk and Culture**. Berkeley: University of California Press, 1982.

DOYLE, P. Marketing in the New Millenium. **European Journal of Marketing**, v.29, n.13, p.23-41. 1995.

DUNN, G. M.; MURPHY, P. E.; SKELLY, G. U. Research Note: The Influence of Perceived Risk on Brand Preference for Supermarket Products. **Journal of Retailing**, v. 62, n. 2, p.204-216, Summer 1986.

FERGUSON, P. P.; ZUKIN, Sharon. The Careers of Chefs. In: SCAPP, R.; SEITZ, B. (Eds) **Eating Culture**. Albany: State University of New York Press, 1998.

FISCHLER, C. Food, Self and Identity. **Social Science Information**, v. 27, n. 2, p. 275-292, 1988.

FLANDRIN, J.L.; MONTANARI, M. **História da Alimentação**. São Paulo: Estação Liberdade, 1997.

FOUCAULT, M. The politcs of health in the eighteenth century. In: RABINOW,P. (Ed.) **The Foucault Reader**. New York: Pantheon Books, 1984.

FOX, N. Postmodern reflections on 'risk', 'hazards' and life choices p. 12-33. In: LUPTON, D. (Ed) **Risk and Sociocultural Theory: new directions and perspectives**. Cambridge University Press, 1999.

FRAZÃO, E.; ALLSHOUSE, J. Novos Atributos Nutricionais dos Alimentos e Comportamento do Consumidor. **Revista de Administração,** São Paulo, v.30, n.4, p.65-76, out./dez., 1995.

FREIRE, G. **Casa Grande e Senzala**. Rio de Janeiro: Record, 1995.

GARINE, I.; KOPPERT, S. Social Adaptation to Season and Uncertainty in Food Supply. In: HARRISON, C. A.; WATERLOW, J. C. (Eds.) **Diet and Disease in Traditional and Developing Societies**. Cambridge: Cambridge University Press, 1990.

GOFTON, L. The Rules of Table: Sociological Factors Influencing Food Choice. In: RITSON, C. **The Food consumer**. Great Britain: Wiley-Interscience Publication, 1986.

GRIFFITHS, S.; WALLACE, J. (Eds.) **Consuming Passions**: Food in the Age of Anxiety. Manchester: Manchester University Press, 1998.

GRIGG, D. (1993) The role of livestock products in world food consumption, **Scottish Geografical Magazine**, v.109, n° 2, p.66-74, 1993.

HARRIS, M. **Good to Eat: Ridles of Food and Culture**. London: Allen & Unwin, 1986.

HERTZ, R. **More Equal than Others: Women and men in dual Career Marriages**. Berkeley, University of California Press, 1986.

HOLANDA, B. de. **Raízes do Brasil**. Rio de Janeiro: José Olympio, 1973.

HORTON, R.L., The structure of decision risk: some further progress, **Journal of the Academy of Marketing Science**. v. 4, n° 4, Fall, p. 694-706, 1976.

JAMES, A. The good, the bad and the delicious: the role of confectionery in British society. Sociological Review, v.38, p.462-77. *Apud* BELL, D.; VALENTINE, G. **Consuming Geographies:** we are what we eat. London: Routledge, 1990.

JAMES, P. Setting food standards. In: GRIFFITHS, S., WALLACE, J. **Consuming Passions**: Food in the Age of Anxiety. Manchester: Manchester University Press, 1998.

KELLY, M.; CHARLTON, B. The modern and the postmodern in health promotion. In: BUNTON, R.; NEETTLETON, S.; BURROWS, R. (Eds.) **The Sociology of Health promotion**. London: Routledgre, 1995.

KESTEN, D. **Feeding the Body, Nourishing the Soul**. Berkeley: Conary Press, 1997.

KOTLER, P. **Administração de Marketing**. 10. ed. São Paulo: Prentice Hall, 2000.

KRONDL, M.; LAU, D. Social determinants in human food selection. 1982. In: BARKER, L. M. (Ed.). Psychobiology of Human Food Selection. *Apud* RITSON, C. **The Food consumer.** Great Britain: Wiley-Interscience Publication, 1986

LEMONICK, M. The Evils of Milk? **Times Magazine**, 15 June 1998.

LÉVI-STRAUSS, C. **O Cru e o Cozido.** São Paulo: Brasiliense, 1991.

LÉVI-STRAUSS, C. The culinary triangle. **New Society**, 22 Dec. 1966.

LUKANUSKI, M. A place at the counter: the ones of onesses. In: SCAPP, R.; SEITZ, B. (Eds.) **Eating Culture**. Albany: State University of New York Press, 1998.

LUPTON, D. (Ed.) **Risk and Sociocultural Theory**: new directions and perspectives. Cambridge University Press, 1999.

LUPTON, D. **Food, The Body and the Self**. London: Sage, 1996.

MEAD, M. A perspective on food patterns. In: TOBIAS, L., THOMPSON, P. (Eds.) **Issues in Nutrition from the 1980s.** Monterey: Wadsworth,1980.

MENNELL, S.; MURCOTT, A.; VAN OTTERLOO, A. H. **The Sociology of Food:** Eating, Diet and Culture. London: Sage, 1992.

MISTURA muito fina: comida também é cultura. **Veja,** p.54-58, 17 fev. 1999.

MICHELL, V-W. Consumer perceived risk: conceptualisations and models. **European Journal of Marketing** v.33, n°1/2 p. 163-195, 1999.

MITCHELL, V-W.; BOUSTANI, P. Market Development Using New Products and New Customers: A Role for Perceived Risk. **European Journal of Marketing,** v. 27, n° 2, p. 17-32, 1993.

MICHELL, V-M.; GREATOREX, M. Perceived risk and risk reducing strategies across product classification, Proceedings of 23rd MEG conference, v.2, June, Oxford, p. 940-50, 1990 *Apud* MICHELL, V-W. Consumer perceived risk: conceptualisations and models. **European Journal of Marketing,** v.33, n° 1/2 p. 163-195, 1999.

MURCOTT, A.; VAN OTTERLOO, A. H. **The Sociology of Food:** Eating, Diet and Culture. London: Sage, 1992.

NADER, R. [Foreword]. In: TEITEL, M.; WILSON, K. A. **Genetically Engineered Food**: Changing The Nature of Nature. Vermont: Park Street Press, 1999.

PERIGO ronda a mesa: Alimentos contaminados. **Época,** p.110-115, 21 jun. 1999.

ODEBIYI, A. I. Food Taboos In Maternal an Child Healthy: The Views of Traditional Healers in Ile-Ife, Nigeria. Social Science and Medicine, v. 28, n° 9, p. 985-996, 1989. *Apud* MENNELL, S., MURCOTT, A.; VAN OTTERLOO, A. H. **The Sociology of Food:** Eating, Diet and Culture. London: Sage, 1992.

ORNISH, D. **Amor & Sobrevivência**: A Base Científica para o Poder Curativo da Intimidade. Rio de Janeiro: Rocco, 1998.

ORNISH, D. **Eat More, Weight Less.** New York: Harper Collins Publisher, 1993.

ORNISH, D. **Stress, Diet & Your Heart.** New York: Holt, Rinehart e Winston, 1983.

PRATTALA'S, R. Young People and Food: socio-cultural studies of food consumption patterns. Helsinki: University of Helsinki, 1989. *Apud* BELL, D.; VALENTINE, G. **Consuming Geographies:** we are what we eat. London: Routledge, 1997.

PY, L. A., JAQUES, H. **A Linguagem da Saúde:** Entenda os aspectos físicos, emocionais e espirituais que afetam a sua vida. Rio de Janeiro: Objetiva, 1998.

RICOEUR, P. Hermeneutics and the Human Sciences. Cambridge: Cambridge University Press, 1981. *Apud* HOLBROOK,

M..B.; O'SHAUGHNESSY, J. On the Scientific Status of Consumer Research and the Need for an Interpretative Approach to Studying Consunption Behavior. **Journal of Consumer Research,** v.15, p.398-401, Dec., 1988.

RIFKIN, J. **O Século da Biotecnologia:** A Valorização dos Genes e a Reconstrução do Mundo. São Paulo: Makron Books, 1999.

ROGERS, E. M. **Diffusion of Innovations.** 4.ed. New York: Free Press, 1995.

ROSELIUS, T. Consumer Rankings of Risk Reduction Methods. **Journal of Marketing,** v. 35, p.56-61, Jan. 1971.

ROZIN, P.; MARCIA, L.; FALLON, A. Psychological Factors Influencing Food Choice. 1986. In: RITSON, C. **The Food consumer.** Great Britain: Wiley-Interscience Publication, 1986.

SCHIFFMAN, L. G.; KANUK, L. L. **Consumer Behavior.** 6.ed. New Jersey: Prentice Hall, 1997.

SCHOEMAKER, P. J. H. Are Risk-preferences Related across payoff Domains and Response Modes? **Management Science,** v. 36, p. 1451-1463, 1990.

SEXO, Drogas, Comida, Cigarro e Bebida: A luta de brasileiros para se livrar da dependência. **Veja,** p. 96-101, 24 fev. 1999.

TEITEL, M.; WILSON, K. A. **Genetically Engineered Food:** Changing The Nature of Nature. Vermont: Park Street Press, 1999.

THIOLLENT, M. **Crítica Metodológica, Investigação Social e Enquete Operária.** São Paulo: Polis, 1985.

TURNER, B. The discourse of diet. Theory, Culture and Society, v.1, n.1, p.23-32, 1982. Apud GOFTON, L. The Rules of Table: Sociological Factors Influencing Food Choice. In: RITSON, C. **The Food consumer.** Great Britain: Wiley-Interscience Publication, 1986.

TWIGG, J. Vegetarianism and the meaning of meat. In: MURCOTT, A. (Ed.) **The Sociology of Food and Eating**. Aldershot: Gower, 1983.

VISSER, M. **O Ritual do Jantar:** as origens, a evolução, excentricidades e significado das boas maneiras à mesa. Rio de Janeiro: Campus, 1998.

WARDE, A. English Households and Routine Food Practice: a Research Note. **The Sociological Review**, v. 42, n. 4, p. 758-768, 1994.

WARDE, A.; MARTENS, L. **Eating Out**: Social Differentiation, Consumption and Pleasure. UK: Cambridge University Press, 2000.

WILLIAMS, V.; WILLIAMS, Redford. **Lifeskills**. New York: Times Book, 1997.

WRIGHT, W. The Social Logic of Health, **New Bressowick**, N.J. Rutgers, University Press, 1982.

ZELDIN, T. **Uma História Íntima da Humanidade**. Rio de Janeiro: Record, 1996.

Leia também da Coleção Estudos COPPEAD:

CONSUMIDORES INSATISFEITOS
Uma oportunidade para as empresas
de *Marie Agnes Chauvel*

HISTÓRIAS DE RECOMEÇO
Privatização e *downsizing*
de *Ursula Wetzel*

ESTUDOS EM NEGÓCIOS
Walter Ness e Roger Volkema (orgs.)

Este livro, da MAUAD Editora,
foi impresso em papel pólen soft 70g,
na gráfica Markgraph